CW00555577

LA FAUSSE SUIVANTE
L'ÉCOLE DES MÈRES
LA MÈRE CONFIDENTE

DU MÊME AUTEUR
DANS LA MÊME COLLECTION

LA DISPUTE. LES ACTEURS DE BONNE FOI. L'ÉPREUVE.
LA DOUBLE INCONSTANCE (édition avec dossier).
LES FAUSSES CONFIDENCES (édition avec dossier).
L'ÎLE DES ESCLAVES. LE PRINCE TRAVESTI. LE TRIOMPHE DE L'AMOUR.
L'ÎLE DES ESCLAVES (édition avec dossier).
LE JEU DE L'AMOUR ET DU HASARD (édition avec dossier).
JOURNAUX (2 vol.)
LE PAYSAN PARVENU.
LA VIE DE MARIANNE.

MARIVAUX

LA FAUSSE SUIVANTE
L'ÉCOLE DES MÈRES
LA MÈRE CONFIDENTE

Présentation, bibliographie mise à jour en 2015,
chronologie et glossaire
par
Jean GOLDZINK

GF Flammarion

Édition mise à jour en 2015.
ISBN : 978-2-0813-5448-7

PRÉSENTATION

La Fausse Suivante (1724), *L'École des mères* (1732), *La Mère confidente* (1735) : est-ce bien raisonnable ? La question ne touche pas la qualité des pièces. Un simple coup d'œil rassurera les inquiets, les bilieux, les bougons. Leur inégal renom ne me paraît pas non plus en cause. Si *La Fausse Suivante* doit désormais son inoubliable stridence à Patrice Chéreau et Jacques Lassalle, nous savons bien qu'un jour ou l'autre quelqu'un nous donnera à entendre, dans le dialogue avec sa fille d'une mère qui se veut confidente, trois des plus fortes scènes du théâtre français. Scènes si tendues, d'un enjeu moral si intense, si avoué, qu'elles tirent le comique vers le genre sérieux, vers ces marges étranges (déjà explorées sur un autre mode, celui de la tragi-comédie, dans *Le Prince travesti* de 1724), vers ces frontières où la comédie, sans appeler nécessairement les larmes, serre le cœur dans le pressentiment du sublime. Que *La Mère confidente* soit une récriture et comme une inversion de *L'École des mères*, une école des mères au positif après la critique, les titres et la proximité des dates le disent assez. La perplexité, dans ce groupement, ne peut alors concerner que *La Fausse Suivante.*

Quel rapport en effet entre la jeune femme en colère qui, déguisée en homme, se lance aux trousses du libertin Lélio, cynique chasseur de dots, l'enjôle et le trompe tout en enflammant au passage cœurs de valets plus une charmante comtesse, et les deux tendres Angélique sous contrôle maternel ? Entre la comédie noire de 1724, qui fait au mal, à la pure méchanceté, au ressentiment, une place unique dans le théâtre marivaudien, et deux pièces si résolument orientées vers la leçon morale qu'elles semblent rapprocher Marivaux de Destouches et Nivelle de La Chaussée, en passe de faire triompher au Théâtre-Français la comédie dite *larmoyante* ?

C'est bien entendu cet écart qui donne prétexte au rapprochement. *La Fausse Suivante* et *La Mère confidente* me semblent gagner à leur lecture conjointe, car, à travers deux expériences esthétiques qu'il ne poussera plus jamais aussi loin, avec autant de détermination et de pureté, on touche les deux bords extrêmes du théâtre marivaudien. D'un côté, la noirceur du mal, la jungle des intérêts et des désirs ; de l'autre, les tendres rêveries du cœur, l'aspiration à un monde plus doux et plus confiant. On se doute que ces tentations, quand elles débordent trop violemment du cours central de l'œuvre, risqueraient, en des mains moins adroites, de compromettre l'énergie comique. Cette énergie comique dont Marivaux s'imagine apparemment, tout au long de sa carrière, qu'il n'a pas droit de priver le spectateur payant des comédies, mais qui met la morale, au théâtre, en de si cruels embarras qu'on ne cesse, à partir de 1730, de rêver à la réconciliation du rire et du cœur, du comique et du sentiment. Comment marier la comédie et la vertu ? De Nivelle de La Chaussée à Mme de Staël, les Lumières scrutent cette sombre question, héritée du christianisme et revivifiée par le maoïsme, sans oser la trancher avec la belle détermination des Pères de l'Église et de Rousseau – par la fermeture des théâtres et la reconversion des comédiens.

MASQUES ET SECRETS

À souligner si résolument, presque emphatiquement, les tensions qui travaillent la dramaturgie de Marivaux, on gagne peut-être d'éviter une tentation trop séduisante, qui remonte aux premiers spectateurs, ou plutôt aux premiers lecteurs : confondre une originalité impossible à méconnaître (dite marivaudage) et la reconduction infinie, aussi ingénieuse fût-elle, d'une même formule aisément décomposable. Non, le masque dont Marivaux, dans *La Fausse Suivante ou Le Fourbe puni*, expérimente pour la première fois, avec une telle jubilation de virtuose, toutes les ressources, ne donne pas plus la clé de son théâtre que, par exemple, la naissance et les surprises de l'amour, ou la dialectique de l'être et du paraître, ou la linguistique du oui et du non. La notion d'originalité, qui occupe une telle place, contre celle d'imitation, dans l'esthétique de Marivaux et celle des Modernes dont il se réclame, ne joue pas seulement d'époque à époque, d'auteur à auteur, mais aussi de pièce à pièce (et de genre à genre). C'est peut-être l'effet pervers de certaines approches fougueusement dans le vent, que de renouveler à leur insu la plus persistante, la plus insidieuse lecture de Marivaux (je pense notamment au livre de Michel Deguy, *La Machine matrimoniale ou Marivaux*). Pourquoi ne pas croire que les aventures de cette jeune fille de bonne famille, qui découvre les ivresses et les périls rebondissants du masque, sont une assez bonne figure et de l'étrange désir qui nous porte devant une scène et des métamorphoses incessantes d'un des plus grands explorateurs du théâtre ?

C'est en tout cas ce que suggère cette étonnante année 1724, où l'auteur du *Prince travesti* (5 février) offre aux spectateurs du Théâtre-Italien, quelques mois plus tard (6 juillet), de quitter le monde tragi-comique de la Cour, avec ses Princes, ses prisons, ses ministres, ses valets, pour les embrouilles plus terre à terre, non moins perfides, de l'argent et du mariage chez gens de bonne compagnie. Dans les deux pièces, si différentes de ton et de structure, les titres affichent le travail du dramaturge sur le travestissement, forme la plus spectaculaire du masque. Mais *La Fausse Suivante* pousse le jeu bien plus loin que *Le Prince travesti*. Dans sa tragi-comédie, Marivaux expérimentait, pour la première fois, les ressources dramatiques du secret. Car il ne faut pas croire que le masque appelle nécessairement une stratégie du secret menacé : à preuve *La Double Inconstance* de 1723, où le Prince, Flaminia, Trivelin, Lisette se composent des identités fictives pour détacher Silvia d'Arlequin, sans qu'aucune mise en péril du secret surgisse de ce canevas de manipulation des cœurs ingénus. Il en ira encore presque de même, en 1732, dans *Le Triomphe de l'amour*, où Léonide-Phocion, alternativement homme et femme selon les besoins de ses séductions frénétiques, doit pourtant beaucoup, on s'en doute, à *La Fausse Suivante* : les tentatives d'Hermocrate et Léontine pour percer les desseins de la princesse déguisée sont certes plus substantielles que dans *La Double Inconstance*, mais sans commune mesure avec les deux pièces de 1724.

Diviser pour ignorer

Le Prince travesti inaugure en effet, chez Marivaux, une dramaturgie du secret, d'un double secret (l'identité de Lélio, son amour pour Hortense) qui devient, sous le regard royal, l'enjeu ardent des convoitises. Toutes les énergies se mobilisent et se croisent pour le percer, pour le défendre. De sa possession dépendent la fortune, le pouvoir, l'amour, la vie. Dans *La Fausse Suivante*, Marivaux surenchérit sur ce dispositif spectaculaire. Doublement. Son héroïne ne se contente plus de dissimuler son nom (qu'on ne connaîtra jamais), elle travestit son sexe, tour à tour homme et femme, aristocrate et suivante, livrée sans transition, par voltes abruptes, aux violentes logiques de ces statuts que l'idéologie sociale d'Ancien Régime voudrait si radicalement disjoints.

Mais ce n'est pas la seule innovation. La dynamique dramaturgique du secret est maintenant fondée sur sa division. Trivelin connaît dès la première scène, sur simple lapsus de Frontin, le sexe du Chevalier (*Frontin* – « … tu serviras la meilleure fille… […] la vérité m'est échappée, et je me suis blousé comme un sot. Sois discret, je te prie », I,1). Il importe peu de savoir si l'indiscrétion du valet paie la commodité du dramaturge, guère disposé à manquer la brillante scène 5 de l'acte I, où le faux Chevalier rencontre un valet d'autant plus volontiers hors de son rôle qu'il y est entré malgré lui, faute de savoir rester maître dans un monde en débine. L'essentiel, c'est que le secret si vite trahi protège et préserve aussi le secret, c'est-à-dire le rang véritable de la jeune femme. Puisque le sexe est connu, cachons le sang ! Frontin et sa maîtresse ont le même réflexe, parce qu'il y a une même logique dramatique du secret, qui structure la pièce (*Frontin* – « Cachons-lui son rang », I,1 ; *le Chevalier* – « Il faut le tromper », I,5). Manœuvre défensive, mais d'une retorse efficacité : l'aveu extorqué laisse croire au dévoilement de la vérité, et garantit ainsi un second mystère, autrement important – l'enjeu du déguisement. La vengeance se donne alors pour une banale affaire sentimentale, une ordinaire rivalité féminine (*le Chevalier* – « Je t'avoue que j'avais envie de te cacher la vérité, parce que mon déguisement regarde une dame de condition, ma maîtresse, qui a des vues sur un Monsieur Lélio, que tu verras, et qu'elle voudrait détacher d'une inclination qu'il a pour une comtesse à qui appartient ce château », I,5). Dans ces subtiles techniques de la manipulation (un des grands plaisirs comiques de la pièce), l'aveu scelle le mensonge, le secret démasqué assure le masque.

Harcelée par Trivelin, le faux Chevalier s'invente aussitôt une autre identité fictive, un statut social et un rôle (« Ma charge, sous cet habit-ci, est d'attaquer le cœur de la Comtesse ; [...] si elle vient à m'aimer, je la ferai rompre avec Lélio ; il reviendra à Paris, on lui proposera ma maîtresse... », I,5). Mais l'ivresse des rôles et des changes, aux pays de l'imaginaire, n'en abolit pas les lois. Trivelin, homme d'expérience, sait bien qu'en une comédie bien gouvernée, on ne laisse pas en friche un aussi joli capital : la capiteuse suivante doit promettre son cœur, et avancer « deux mois de récompense » pour captiver la langue. Il pourra alors entrer à son tour dans le bal masqué qui déguise les acteurs en personnages déguisés (« ton valet sur scène, et ton amant dans les coulisses »).

Le Chevalier est donc à la fois une jeune aristocrate irritée (secret que le spectateur omniscient partage avec Frontin) ; une suivante travestie en cavalier pour le bonheur de sa maîtresse jalouse (pseudo-secret dont Trivelin s'imagine le détenteur) ; un fringant Chevalier, entendons un cadet de condition, noble mais désargenté (pour Lélio et la Comtesse) ; une femme, une femme en chair et en or ! (pour Arlequin, toujours en manque). Double sexe et double statut, supports de multiples fables, afin de se venger d'un fourbe (car le projet de démasquer Lélio est accompli dès la scène 7 de l'acte I). On pourrait rêver sur cette aptitude protéenne à répondre aux désirs de chacun, qui fait sans doute, ici comme dans *Le Triomphe de l'amour*, le fond de la séduction (de la seule séduction amoureuse ?). Mais une dynamique dramaturgique efficace ne repose pas sur des idées abstraites. Le rythme si vigoureux de la pièce dépend des réponses, savamment distribuées sur trois actes, à cette question : comment la jeune fille pourra-t-elle préserver ses secrets à chacun distillés, face à deux fourbes consommés, aguerris par la vie (Lélio, Trivelin), sans oublier, sous ses dehors naïfs, le bavard petit Arlequin aux poches percées, toujours avide d'or, de femme et de vin.

Disperser et circuler

Le secret obéit à une double logique, productrice de schèmes dramatiques : il peut à la fois se *fragmenter* (la jeune héroïne tente de défendre le secret du sexe, de la condition sociale et du but visé) et *circuler* (entre Trivelin, Lélio, Arlequin – seule la Comtesse ne participe pas à cette sourde bataille pour la maîtrise). On voit ainsi Trivelin se précipiter auprès de Lélio (II,3) pour lui vendre ce que la fausse suivante vient juste de lui acheter. Mais qu'avec Marivaux on a vite fait de simplifier ! En vérité, Trivelin ne révèle pas exactement le sexe du Chevalier.

Lui-même pratique, comme elle, la vente au détail, miette à miette, de l'information. Honnête dans la trahison, ou plutôt intelligemment comptable des intérêts qu'il croit maintenant partager avec sa prétendue partenaire de cœur et d'affaires, il ne négocie en fait que l'intrigue amoureuse avec la Comtesse ! Lélio n'a certes nulle raison d'acheter ce qu'il sait déjà. Mais le plaisir gratuit qu'il prend à jouer l'honnête homme méprisant lui coûtera cher, quand Trivelin, valet rancunier, lui rendra la monnaie, en III,2 ; et son refus est trop cinglant pour ne pas éveiller des soupçons générateurs de suspens dramatique (*Trivelin* – « Est-ce que notre faux chevalier m'en ferait accroire ? Et seraient-ils tous deux meilleurs amis que je ne pense ? », II,4). Marivaux affectionne les ironies structurales : en I,5, Trivelin savoure la maîtrise que procure la connaissance d'un secret ; en II,3, la même situation le ridiculise, avant qu'il prenne sa revanche en III,2… fût-ce au prix de son apparent intérêt.

Trivelin, valet ombrageux

Il n'est vraiment pas habituel, dans le théâtre de Marivaux, de rencontrer un valet si susceptible : ces ombrageuses délicatesses du moi sont privilèges de maîtres. (Partage dramaturgique, loi du genre joyeusement assumée, de nulle portée sociale ou morale, sinon d'étaler sur scène, au bénéfice du comique et des géométries scéniques, la rigueur d'un préjugé que Marivaux dénonce précisément, avec tant de véhémence, dans ses journaux et romans !) Le dramaturge ne peut justifier ces vanités qu'en donnant, pour la première fois, un étonnant successeur à Arlequin – Arlequin dont il ne poussera jamais plus loin l'exploration du type que dans son rôle génial du *Prince travesti*. Après cette rêverie magnifique sur l'univers intérieur du petit drôle incarné par l'inimitable Thomassin, titulaire du rôle et du répertoire, Marivaux se tourne vers un autre masque italien, Trivelin, qu'il me paraît récrire ici dans un registre typiquement français de valet ironique et cynique (d'ailleurs interprété, à la création, par un acteur parfaitement francisé, Dominique). À cette nouvelle grande figure de valet, il prête, dans une scène d'ouverture en fanfare, une biographie picaresque assez inhabituelle pour faire trace jusqu'à Beaumarchais. Car Trivelin ne convoite pas, tel le valet du *Turcaret* de Lesage (1709), la place du maître. C'est un maître déchu, un valet sans emploi, un soldat de la vie bourré de coups, un amer et indigent philosophe qui, à l'inverse de son camarade de 1727 (Marivaux, *L'Indigent Philosophe*), n'a pas renoncé au monde, dont il guette le moindre signe favorable pour se refaire. Esquisse fulgurante, mais à qui la structure de la pièce (centrée sur le Chevalier), la philosophie sociale de Marivaux et sa dramaturgie interdisent de prendre l'essor d'un Figaro. De cette éclatante première scène, Marivaux ne tirera pas une parabole sociale, mais des effets essentiellement comiques liés, dans une dramaturgie du secret, à un valet qui se souvient encore qu'il fut un maître. Figure du double, donc, à sa manière, comme Lélio et le Chevalier, figure saisissante, mais dont la force initiale s'épuise au cours de la pièce (au rebours exact de ces deux personnages, et de Figaro, qui ne donne toute sa mesure que dans l'immense monologue de l'acte V du *Mariage*). À la fin de la pièce, dupé et récompensé comme un enfant avec qui on a joué, Trivelin est bien retombé du côté d'Arlequin. Il y a ici trop de noirceur du côté des maîtres pour ses manigances, et toute offense de valet, au théâtre, mérite pardon : n'est-ce pas pour notre plaisir qu'ils se font si gredins ? Telle est du moins la perspective classique, que partage Marivaux, jusqu'à ce que Diderot, au nom de la vraisemblance et de la morale, clame son dégoût et réclame leur expulsion du théâtre revivifié (*Entretiens sur le Fils naturel, De la Poésie dramatique*, 1757 et 1758). Nul hasard si, dans *La Mère confidente*, les cachotteries de Lisette font soudain scrupule à Marivaux. Ce n'est pas le moraliste qui s'est durci, mais le dramaturge qui a changé de registre, et bien pressenti les enjeux de la moralisation naissante.

La belle énergie du prédateur

Alors que Trivelin (I,1) et Arlequin (II,7) reçoivent sans le moindre effort leur part de secret, Lélio, le fourbe consommé, le menteur professionnel, se dépense comme un diable, au troisième acte, pour essayer de deviner le sexe du Chevalier ! Mais cette superbe énergie comique s'empêtre et s'exaspère dans les discours nébuleusement extatiques d'Arlequin (III,1), se fait rembarrer par Trivelin, qui ne lui pardonne pas ses sarcasmes (III,2), et capitule piteusement devant l'épée du faux Chevalier (III,3). C'est bien entendu au terme de ce savoureux crescendo comique, qui a mobilisé en vain, pour la jouissance du spectateur, les ressources de la rhétorique, de l'argent, du bâton et de l'épée, que la vérité si violemment désirée, si rageusement négociée, tombe toute seule et en toute innocence de la bouche d'Arlequin ! (III,4)... Mais le libertin aussi, comme Trivelin, succombe aussitôt à l'éclat trompeur de l'aveu, se prend au piège d'une vérité partielle qui lui cache l'essentiel. Que sait-il en effet, si près du dénouement ? Que le faux Chevalier sert la demoiselle parisienne dont il compte épouser la dot plutôt que la Comtesse (III,5). Comment douterait-il de l'identité d'une suivante si naturellement, si logiquement intéressée ? (« je dirai que vous êtes un honnête homme ; mais convenons de prix pour l'honneur que je vous fournirai », III,5). Où va-t-on en effet, si les femmes, de brebis, se font loups, et s'avisent d'imiter les hommes ?... En somme (c'est l'ironie grinçante de la pièce) le roué, le prédateur des cœurs, le cynique calculateur tombe victime de sa confiance dans la connivence masculine, dans la morale de l'intérêt : pourquoi, sur ce qu'on pense et fait des femmes, mentir à un homme, à un cadet désargenté ? Pourquoi une suivante mentirait-elle contre son intérêt ? Impeccables postulats, sauf si l'on choisit sa proie comme confident et complice.

UNE ORPHELINE AU MILIEU DES LOUPS

L'inversion des sexes, qui a un rapport originel au théâtre, ne se justifie ici qu'avec quelque embarras (I, 1-2). Le spectateur doit en effet admettre qu'une jeune femme riche, majeure, orpheline, et de surcroît fort décidée (« Ma sœur… sait la singularité de mes sentiments »), s'abandonne à un mariage conclu par lettres entre son beau-frère et un prétendant inconnu. La fable juxtapose au départ deux modèles de mariage : le mariage traditionnel sous régie familiale, et le mariage sentimental moderne, qui triomphe au théâtre bien avant de se diffuser au-dehors, dès le XVIIIe siècle. C'est sans doute que Marivaux doit concilier les exigences de la vraisemblance, de la bienséance et de la cohérence. Le travestissement sexuel (masqué dans le titre au profit du camouflage social) suppose, pour la vraisemblance, que Lélio ne connaisse pas la jeune fille, tout en lui étant promis pour la cohérence du scénario. Quant au beau-frère recruteur de mari, il atténue l'inconvenance d'une telle équipée sauvage chez une jeune fille qui aurait encore père et mère, ou qui ne serait pas maîtresse d'elle-même. Ces divers canons dégagent une marge étroite, puisqu'il s'agit de concilier l'acceptation passive d'un mariage de convenance, et l'audace explosive de l'agressivité sous la caution du masque.

C'est bien entendu le mariage négocié par un tiers avec un inconnu qui se conforme à la logique du monde réel, ce monde où la femme, sous couleur de sentiment, s'achète et se vend au gré de sa dot. Tout mariage, hors du théâtre, ne serait-il pas, peu ou prou, une union « par lettres », tout époux, peu ou prou, un Lélio ? Alors s'esquisse un vague et étrange rapport, dont *Le Mariage de Figaro* révélera plus tard le sens, entre la femme humiliée et Trivelin, le valet déplacé : aux tribulations picaresques de l'individu à mérite, à talent, répond la triste aventure des femmes, maîtresses servantes, reines esclaves. Sous les apparences d'un saut dans la fantaisie la plus pure, dans la tradition la plus romanesque du théâtre, le travestissement va nous révéler l'envers du décor, le visage nu des hommes derrière le masque doucereux qu'ils tendent aux femmes. Le thème du mariage (la métamorphose de l'amant brûlant en mari glacial), qui ouvre *Le Prince travesti* (1724) et *Le Jeu de l'amour et du hasard* (1730), est une autre forme, satirique et moins noire, des déconvenues du rêve féminin. Car les Lumières n'auront de cesse, du théâtre au roman, de blesser la femme sur toutes les aspérités de son destin. Et son vrai destin, celui qui tire d'elle son chant le plus pur, c'est la rencontre du libertin, qui ne vit que pour la séduire et la meurtrir, jusqu'à l'épuisement mortel de son cœur défait. Ou jusqu'à la rédemption du tentateur, délices du drame et du roman d'après 1750.

En se saisissant, d'un geste rageur, de l'habit masculin, la jeune héroïne de Marivaux entre brusquement dans un autre monde, le *Monde vrai*, où elle peut soudain entendre la langue des hommes entre eux, quand ils se parlent des femmes, quand ils parlent du mariage à cœur découvert (*La Fausse Suivante*, I,7). C'est dans *Le Cabinet du philosophe* que Marivaux nous raconte la fiction philosophique du *Monde vrai* (*Journaux et Œuvres diverses*) : « Ainsi, par ce mot de Monde vrai, c'est des hommes vrais que j'entends, des hommes qui disent la vérité, qui disent tout ce qu'ils pensent, et tout ce qu'ils sentent ; qui ne valent pourtant pas mieux que nous, qui ne sont ni moins méchants, ni moins intéressés, ni moins fous que les hommes de notre monde ; qui sont nés avec tous nos défauts, et qui ne diffèrent d'avec nous que dans un seul point, mais qui les rend absolument d'autres hommes ; c'est que, en vivant ensemble, ils se montrent toujours leur âme à découvert, au lieu que la nôtre est toujours masquée.

« De sorte qu'en vous peignant ces hommes que j'ai trouvés, je vais vous donner le portrait des hommes faux avec qui vous vivez, je vais vous lever le masque qu'ils portent. Vous savez ce qu'ils paraissent, et non pas ce qu'ils sont. Vous ne connaissez point leur âme, vous allez la voir au visage, et ce visage vaut bien la peine d'être vu ; ne fût-ce que pour n'être point la dupe de celui qu'on lui substitue, et que vous prenez pour le véritable » (*Journaux et Œuvres diverses, Le Voyageur dans le Nouveau Monde*, Garnier, p. 389-390).

Les calculs du don Juan

La littérature lève les masques et dit la vérité des choses. Mais au théâtre, on ne voit l'âme au visage que par le masque. Déguisée, virilisée, la jeune fille découvre aussitôt l'impitoyable vérité du monde toujours cachée aux femmes par le discours de la galanterie et de la séduction, et donc aussi, comme chez la Comtesse, par le désir féminin de s'aveugler, de croire un peu, de croire encore aux soupirs et aux élans, plutôt que d'entendre la vraie langue des nouveaux don Juan. La langue du calcul : « J'aimais la Comtesse, parce qu'elle est aimable ; je devais l'épouser, parce qu'elle est riche, et que je n'avais rien de mieux à faire ; mais dernièrement, pendant que j'étais à ma terre, on m'a proposé en mariage une demoiselle de Paris que je ne connais point, et qui me donne douze mille livres de rente ; la Comtesse n'en a que six. J'ai donc calculé que six valaient moins que douze. Oh ! l'amour que j'avais pour elle pouvait-il honnêtement tenir bon contre un calcul si raisonnable ? Cela aurait été ridicule, six doivent reculer devant douze… » (I,7). Les nouveaux don Juan n'ont plus rien de la déraison héroïque de leur maître qui, au nom du calcul (« je crois que deux et deux font quatre »), allait affronter Dieu à main nue ? C'est que Lélio se donne pour ce qu'il est :

un homme ordinaire du monde ordinaire, puni sur scène comme parfait démon pour avoir dit, ainsi qu'au *Monde vrai*, ce que chacun faisait hors du théâtre avant la victoire du mariage sentimental.

La bonne âme brechtienne de Se-Tchouan se masque et se clive pour survivre en société marchande. Le Chevalier s'arme pour la guerre qui déchire silencieusement toute société, la guerre des sexes, énergiquement comparée à celle des loups et des brebis (III,5). Offerte par lettres à un inconnu, la jeune fille est d'abord une brebis docile, promise à la mâchoire du loup. Plutôt que de se défendre, comme la plupart des femmes, comme la Comtesse, par la coquetterie, elle pénètre dans le camp ennemi, découvre la loi de la jungle et hurle avec les hommes. L'inversion sexuelle par le travestissement est donc ici bien autre chose qu'un simple stratagème. Elle constitue une véritable mutation du statut social, du langage, des normes, une métamorphose des rapports humains. Par là, *La Fausse Suivante* annonce *L'Île des esclaves* (1725), qui n'inverse pas le sexe mais les conditions de maîtres et de valets. Le changement de sexe inauguré ici pour la première fois chez Marivaux opère une transmutation sociale non moins violente que la législation de l'île utopique. Mais qu'on ne s'y méprenne pas : l'exemple du *Triomphe de l'amour* (1732), où la princesse déguisée pousse à ses limites hystériques l'entreprise de séduction du Chevalier sur la Comtesse, prouve que l'inversion sexuelle ne produit pas d'elle-même le sens social si violemment dénonciateur qui fait l'originalité de *La Fausse Suivante.*

La femme vengée

Un roué floué par plus menteur que lui : on serait aujourd'hui tenté de voir là, dans ce schéma central, l'invention de Marivaux, et d'en exagérer la noirceur, tant nous avons perdu la mémoire des pièces de Dancourt, de Dufresny, sans parler des comédies au vitriol de la Restauration anglaise, d'une audace chez nous inconnue, et de fait impossible sous le régime de la censure royale, particulièrement chatouilleuse en matière de théâtre. En vérité, l'intention de Marivaux n'est pas, n'a jamais été de rivaliser avec ces maîtres de la comédie noire. Il a même une horreur qu'on peut dire viscérale du cynisme, de la méchanceté, du mal… sauf lorsque cela passe par la médiation comique, distanciée, quasi poétique, des valets, c'est-à-dire par une fonction théâtralisée, par une convention générique. Mais alors, comment peut-il écrire *La Fausse Suivante*, sa comédie la plus féroce, comment peut-il faire une place si centrale à Lélio, au pur cynisme, celui qui signe ces lignes vibrantes, ces lignes sans équivoque : « Je ne sais où mettre le méchant : il ne serait bon qu'au néant, mais il ne mérite pas d'y être. Oui, le néant serait une faveur pour ce monstre qui est d'une espèce si singulière, qui sait le mal qu'il fait, qui goûte avec réflexion le plaisir de le faire […], enfin qui ne voit le mal qu'il peut vous faire, que parce qu'il voit le bien qu'il vous faut : lumière affreuse… Car que deviendrait la terre, si le peu qui y reste de vertu ne servait de contrepoids à l'énorme corruption qui s'y trouve ? » (*Journaux et Œuvres diverses*, p. 304-305, *L'Indigent philosophe*, 5e feuille, juin 1727). Et aussi : « … farce en haut, farce en bas ; et plût à Dieu que ce fût toujours farce, et que ce ne fût que cela ; plût à Dieu qu'on en fût quitte pour rire de ce qu'on voit faire aux hommes : je les trouverais bien aimables, s'ils n'étaient que ridicules ; mais quand ils sont méchants, il n'y a plus moyen de les voir, et on voudrait pouvoir oublier qu'on les a vus : ah ! l'horreur ! » (p. 304).

Dire qu'il appartient à l'art de regarder et de faire voir l'insupportable est sans doute vrai, mais d'une vérité peut-être trop générale. Si le « monstre » peut s'installer et s'étaler ici dans toute son impudeur, avec une aisance qui ressuscite une part désertée de notre histoire théâtrale, c'est que, grâce au masque du Chevalier, seul confident de Lélio, le mal conscient, le mal content de soi se reflète toujours dans l'œil de la victime. « L'horreur » ne vient à nous que dans l'optique féminine, dans ce tremblement de rage et de dégoût (et de désespoir ?) qui convulse la jeune fille au mime de l'homme. Et donc dans la jubilation, propre au plaisir comique de cette pièce, de la revanche sur les forces maléfiques. Est-il vraiment absurde d'entendre battre, dans *La Fausse Suivante*, oui, ici précisément, au plus près du mal, de son sombre éclat, ce désir utopique d'une revanche des humiliés que telle page du *Spectateur français* exprime si vivement, et refoule aussitôt sous prétexte de ne pas usurper les prérogatives divines ? (*Journaux*..., p. 264-266). Je ne le crois pas, car enfin, c'est bien dès 1726 que Marivaux entreprend *La Vie de Marianne*, ce grand roman de l'âme féminine et du courage féminin, qui jette à son tour une toute jeune fille, frémissante orpheline, à la rencontre du monde. Mais on ne confondra pas la générosité marivaudienne avec la sensiblerie sur le point de triompher, après 1730, dans la comédie dite larmoyante, dont *La Mère confidente* ne s'approche que pour mieux s'en défaire.

Nul attendrissement dans *La Fausse Suivante*, mais la dureté toute comique des vrais classiques. Si le fourbe, comme promis, est bien puni de ressembler aux spectateurs, les valets restent exemptés, au bénéfice du théâtre, de toute responsabilité morale, et la coquette Comtesse paie assez cher le prix de son inconstance, qui nous vaut de si superbes marivaudages. Or le marivaudage change d'allure, quand aucun amour plus sincère ne vient, à l'inverse de la plupart des pièces de Marivaux, se substituer à la prolifération des simulacres, ne vient aérer l'accumulation des mensonges et du langage calculateur. *La Fausse Suivante*, en cela unique, ne semble vouée qu'à la vengeance, qu'à l'humiliation du mal, autrement dit qu'à un travail destructif, qui suppose la surenchère des fourberies. Savoureux paradoxe, seul le fourbe, trop sûr de dire la vérité du monde, s'abandonne à un grand accès de franchise qui fait sa perte. Mais la réciproque est encore plus forte. La logique du masque se saisit du Chevalier : de la jeune fille qui ne voulut pas subir la loi des marchandises, nous ne saurons jamais que ses roueries, la jubilation tremblante de la vengeance, la froideur impitoyable d'une descente aux enfers du monde social.

Pour vaincre le mal, faites-vous plus méchant que lui. Pour triompher du mensonge, cachez mieux vos secrets. L'homme est un loup pour la femme. Derrière le sentiment, cherchez l'intérêt. Derrière les mots, le calcul. On comprend que les cœurs sensibles des Lumières aient rêvé d'en finir avec ces noirceurs et ces jeux de vilains insupportablement comiques, de réconcilier enfin (exquis mirage de tout un siècle) le rire, la vertu et le sentiment. La comédie larmoyante, dès après 1730, puis le drame bourgeois s'y emploient, malgré les sarcasmes de Rousseau (*Lettre à d'Alembert sur les spectacles*, 1758). Mais si Marivaux ne se risquera plus aussi près de ce point où le mal pétrifie ceux qui le démasquent, il ne se résoudra non plus jamais à diluer le comique dans les larmes. Fût-ce en ramenant la jeune fille en pleurs à l'ombre des mères.

PARENTS, SOYEZ SAGES !

Le syndrome dévot

L'École des mères touche au vif d'une des questions les plus sensibles au cœur de Marivaux : la dénaturation des rapports entre parents et enfants, où l'on verra sans trop de risques la pointe aiguë des rapports entre les hommes. On peut citer d'abord cette lettre d'une jeune fille de seize à dix-sept ans, aimable et pleine d'esprit, et ne l'ignorant pas, parue dans la douzième feuille du *Spectateur français* (6 décembre 1722).

« Monsieur le Spectateur,

« [...] Ma mère est extrêmement dévote et veut que je le sois autant qu'elle, qui a cinquante ans passés ; n'a-t-elle pas tort ?

« Quand je vous dis cela, ne croyez pas que je blâme la dévotion ; j'en ai moi-même ce qu'il m'en faut ; je suis naturellement sage, mais jusqu'ici j'ai plus de vertu que de piété, cela est dans l'ordre ; et de cette piété, je vous jure que j'en aurais encore davantage, si ma mère n'exigeait pas que j'en eusse tant. Jamais je ne me sauverais, si je devais vivre toute ma vie avec elle.

« Il y a quelque temps qu'elle fut très malade, on crut qu'elle mourrait. Comme je vis qu'elle allait se confesser, il me prit une inquiétude pour elle. Hélas ! dis-je en moi-même, cette femme-là ne va s'accuser que de ses fautes, sans faire mention des miennes qui sont sur son compte. Là-dessus je pensai lui aller dire : Ma mère, vous ne savez pas tous vos péchés, et je me crois obligée, en conscience, de vous avouer tous les dégoûts, tous les murmures, toutes les dissipations, toutes les impatiences où je suis tombée à cause des exercices religieux que vous m'avez fait faire, et de la contrainte où vous m'avez tenue.

« Je prenais déjà ma secousse pour l'aller trouver, quand on m'apprit qu'elle venait d'avoir une crise qui apparemment la tirerait d'affaire. Je me retins ; mais voilà six heures qui sonnent... À six heures et demie, je dois aller dans son cabinet faire une lecture pieuse qui dure ordinairement une heure. Nous revenons de complies ; nous avions déjà été à vêpres. Dans l'instant où je vous écris, ma mère est en méditation, et je suis censée y être aussi. Par précaution je tiens toujours ouvert le livre où est le point que je dois méditer, afin qu'elle me trouve sous les armes, si, suivant sa coutume, elle venait s'assurer de ma ferveur.

« Ce matin, de même que tous les matins que Dieu fit, au sortir du lit, nous avons été une heure en oraison ; ce soir, avant que de nous coucher, autre oraison de fondation et de la même durée, et le tout toujours précédé d'une lecture. Pour moi, dans toutes ces oraisons-là, j'y paie de mine. Quand le hasard nous dérange, et que je suis ma maîtresse, je fais ma prière soir et matin d'aussi bon courage qu'on le puisse. Un *Pater* récité à ma liberté me profite plus que ne feraient dix années de piété avec ma mère. Vous parlerais-je tout à fait franchement ? Nos heures d'exercices n'arrivent point, je n'entends sonner ni vêpres ni complies, je ne vois point de livre pieux, que je ne sois saisie d'un ennui qui me fait peur.

« Avant-hier, j'étais seule dans la chambre de ma mère ; il entra un ecclésiastique. Comme je ne songeais à rien, je me trouvai presque mal en le voyant, seulement à cause de son habit qui a rapport à nos fonctions dévotes.

« Savez-vous bien, Monsieur, que je crains les suites de mes dégoûts là-dessus ? savez-vous bien qu'une prédication me donne la fièvre, moi qui aimerais à entendre prêcher, si je n'en avais satiété ? Ce n'est pas là tout ; si vous voyiez comme ma mère m'habille, au voile près, vous me prendriez pour une religieuse ; encore, au voile près, je me trompe, ma coiffe en est un, de la manière dont je la mets. À l'égard de mon corps, il me va jusqu'au menton ; il me sert de guimpe : vous jugez bien qu'une âme de seize ans n'est pas à son aise sous ce petit attirail-là. Entre vous et moi, je crains furieusement d'être coquette un jour ; j'ai des émotions au moindre ruban que j'aperçois ; le cœur me bat dès qu'un joli garçon me regarde ; tout cela m'est si nouveau ; je m'imagine tant de plaisir à être parée, à être aimée, à plaire, que si je n'avais le cœur bon, je haïrais ma mère de me causer, comme cela, des agitations pour des choses qui ne sont peut-être que des bagatelles, et dont je ne me soucierais pas, si je les avais. Persuadez-la, s'il vous plaît, de changer de manière à mon égard. Tenez, ce matin j'étais à ma fenêtre ; un jeune homme a paru prendre plaisir à me regarder ; cela n'a duré qu'une minute, et j'ai eu plus de coquetterie dans cette seule minute-là qu'une fille dans le monde n'en aurait en six mois. Tâchez donc de faire voir les conséquences de cela à ma mère. Six heures et demie sonnent, elle m'appelle déjà de son cabinet ; je m'en vais lire, je vais prononcer des mots ; je vais entrer dans ce triste cabinet que je ferai, quelque jour, abattre, s'il plaît à Dieu ; car sa vue seule me donne une sécheresse (pour parler comme ma mère) qui m'empêcherait, toute ma vie, de prier Dieu, si je restais dans la maison. Ah ! que je m'ennuie ! »

(*Journaux*..., p. 177-179).

Si je cite amoureusement cette superbe lettre, ce n'est pas seulement pour la précision des symptômes pathologiques, ni même pour rappeler cette évidence à peine reconnue, qu'avec Diderot, Marivaux est le plus grand, ou le plus souple, le plus sensible essayiste de son siècle. Qui le veut peut, du journal au théâtre, de la lettre à la pièce, saisir ici ce que c'est que l'écriture aux prises avec les genres. On pourra notamment examiner ce que devient, sous la plume d'un lecteur rétif aux irrévérences religieuses des *Lettres persanes*, le thème religieux porté à la scène.

Les pères terribles

Mais Marivaux revient à la charge dès la seizième feuille (27 mars 1723), non sans avoir au passage, dans la quatorzième, fait entendre la plainte émouvante d'une mère reniée par son fils parvenu. Le Spectateur français se rend à un dîner :

> « ... il y avait quatre enfants, j'en fais le compte bien exactement, car le père et la mère les ont tous fait passer devant nous ; l'un est un jeune homme de dix-sept à dix-huit ans, qui sort du collège. Je ne lui ai pas entendu prononcer un mot, tant que le père a été avec nous : il n'a parlé que par révérences, à la fin desquelles je voyais qu'il regardait timidement son père, comme pour lui demander si en saluant, il s'était conformé à ses intentions. Le père a disparu pour quelques moments ; j'avais bien jugé que sa présence tenait l'âme de ce jeune homme captive, et j'étais bien aise de voir un peu agir cette âme quand elle était libre, quand on la laissait respirer ; de sorte que j'ai interrogé ce fils, d'un air d'amitié. Le pauvre enfant, par la volubilité de ses réponses, a semblé me remercier de ce que je lui procurais le plaisir de parler. Il se pressait de jouir de sa langue ; je ne sais comment il faisait, mais il avait le secret de répondre à ce que je lui disais, sans qu'il se donnât le temps de m'écouter, car il parlait toujours ; il n'y a qu'un homme qu'on a depuis longtemps forcé d'être muet, qui puisse en faire autant. Il commençait un récit, quand le père en toussant s'est fait

entendre dans la chambre prochaine ; le bruit de sa redoutable poitrine a remis la langue de son fils aux fers. J'ai vu la joie, la confiance et la liberté fuir de son visage ; il a changé de physionomie ; je ne le reconnaissais plus. Le père est entré, et je riais de tout mon cœur, de ce qu'il ne sait pas qu'il n'a jamais vu le visage de son fils. En vérité, il ne le reconnaîtra pas lui-même, si jamais il le surprend avec la physionomie qu'il avait en me parlant. Oh ! je vous demande après cela, s'il y a apparence qu'il soit mieux au fait de son esprit et de son cœur.

« Qu'un enfant est mal élevé, quand pour toute éducation il n'apprend qu'à trembler devant son père : dites-moi quels défauts le père pourra corriger dans son fils, si ceux qu'il a apportés en naissant lui sont inconnus et n'osent se montrer, si, pour ainsi dire, effrayés par son extrême sévérité, ils se sont sauvés dans le fond de l'âme, s'il n'a fait de ce fils qu'un esclave qui soupire après la liberté, et qui en usera comme un fou quand il l'aura.

« Voulez-vous faire des honnêtes gens de vos enfants ? ne soyez que leur père, et non pas leur juge et leur tyran. Et qu'est-ce que c'est qu'être leur père ? c'est les persuader que vous les aimez. Cette persuasion-là commence par vous gagner leur cœur : nous aimons toujours ceux dont nous sommes sûrs d'être aimés ; et quand vos enfants vous aimeront, quand ils regarderont l'autorité que vous conserverez sur eux, non comme un droit odieux que les lois vous donnent, et dont vous êtes superbement jaloux, mais comme l'effet d'une tendresse inquiète, qui veut leur bien, qui semble les prier de ce qu'elle leur ordonne de faire, qui veut plus obtenir que vaincre, qui souffre de les forcer, bien loin d'y prendre un plaisir mutin, comme il arrive souvent ; oh ! pour lors vous serez le père de vos enfants ; ils vous craindront non comme un maître dur, mais comme un ami respectable, et par son amour et par l'intérêt qu'il prend à eux. Ce ne sera plus votre autorité qu'ils auront peur de choquer, ce sera votre cœur qu'ils ne voudront pas affliger ; et vous verrez alors avec quelle facilité la raison passera dans leur âme, à la faveur de ce sentiment tendre que vous leur aurez inspiré pour vous. Pardon, mon cher, de toutes mes réflexions ; j'avais un père qui m'apprit à réfléchir, et qui ne prévoyait pas que je dusse un jour faire un journal et le gâter par là »

(*Journaux…*, p. 204-205).

Telle est donc la matrice, sinon la source de nos deux pièces. On voit qu'il faut dix ans, et vraisemblablement une reprise (en... 1725, au Théâtre-Français) de *La Parisienne* de Dancourt, pour passer du récit au théâtre, pour que la scène marivaudienne se saisisse de la relation parentale, dont on devine sans peine qu'elle a forcément quelque rapport avec la dépendance politique. On n'a par conséquent rien expliqué en brandissant triomphalement la « source » de *L'École des mères*, qui devient à son tour la source de *La Mère confidente*. Ce qu'il faudrait comprendre, c'est pourquoi une telle thématique devient en 1732 matière à théâtre. Projet antérieur réactivé en quelques semaines pour faire pièce à l'échec des *Serments indiscrets* à la Comédie-Française (juin 1732) ? Commande urgente des Italiens ? Réveil (biographique ? littéraire ?) d'une vieille et vive préoccupation, dont on voit la trace dans le personnage de Mme de Miran, la mère adoptive de Marianne (*La Vie de Marianne*), mais aussi dans la création d'un personnage de père tel que M. Orgon (*Le Jeu de l'amour et du hasard*, 1730), et surtout dans la tutelle sévère et paralysante qu'exerce Hermocrate sur le jeune Agis (un nom symbolique !) dans *Le Triomphe de l'amour* (mars 1732) ? À survoler le théâtre de Marivaux, on constate qu'avant *Le Jeu de l'amour et du hasard*, aucune grande pièce ne fait place à la figure parentale, présente ensuite, en 1732, dans *Le Triomphe de l'amour* et *Les Serments indiscrets*, pour ne rien dire des *Fausses Confidences* (1737), de *L'Épreuve* (1740) ou des *Acteurs de bonne foi* (1757). On est alors tenté de renverser les propositions de F. Deloffre, bien qu'assises sur « l'étude objective des œuvres » (*Théâtre de Marivaux*, t. II, notice de *L'École des mères*). Ce n'est pas la pièce de Dancourt qui explique vraiment la genèse de *L'École des mères* ; c'est la genèse, datée, de l'instance parentale dans la dramaturgie marivaudienne qui appellerait le souvenir de Dancourt.

L'ÉGLISE, LE ROI, LE THÉÂTRE

Laboratoires de l'imagination sociale

Ce que le Journal fait vibrer dans la vivacité émue (non dénuée d'humour), *L'École des mères* doit le transmuer en franc comique : le comique cynique du valet (Frontin), le comique ingénu des jeunes amoureux, le comique des parents ridicules. S'agit-il d'aboutir, sur ce thème brûlant de l'éducation, à un partage éthique entre jeunes et vieux ? En gros, oui. En gros seulement, comme le prouvent aussitôt la casuistique de Lisette et la bonne conscience de Frontin à propos du crime d'enlèvement (sc. 1-2). Qu'est-ce à dire ? Que la comédie, par la seule logique de sa fable, montre autre chose que sa leçon apparente, nullement dévaluée pour autant d'être apparente : dans un rapport d'autorité qui abuse de son pouvoir légitime, qui dénature un rapport naturel, il n'est plus de morale franche, de partage net du bien et du mal. À moins d'admettre carrément qu'il n'est d'autre devoir, pour une gamine de dix-sept ans, que d'obéir aveuglément à sa mère et d'épouser un barbon de soixante. En arguant alors (c'était un calcul courant, mais pas celui de Mme Argante, travaillée par la répression du péché) qu'Angélique a chance de se retrouver rapidement veuve et riche. Vieux problème de la comédie : que faire du désir juvénile sous la contrainte parentale ?

On voit bien qu'il convient moins d'opposer monde social (où le pouvoir royal, tenacement, depuis le XVIe siècle, soutient et renforce le pouvoir paternel) et monde rêveur du théâtre (où les jeunes triomphent à tout coup). La comédie s'oppose peut-être moins au droit civil, de plus en plus acharné à défendre les intérêts familiaux, qu'elle ne le soulage dans l'ordre de l'imaginaire. Mais on constate alors – à défaut de l'expliquer – que la scène, envers magique des contraintes sociales, laboratoire, comme dit Heiner Müller, de l'imaginaire social, ne se contente pas d'alléger le poids des choses. La comédie d'Ancien Régime anticipe sur l'évolution des mœurs et du droit. Rien n'interdit donc de lire dans *L'École des mères* cette question : peut-il y avoir, à quel prix, selon quelles normes, un mariage sentimental ?

L'idéal du moi parental

Les historiens des mœurs et du droit soulignent volontiers la divergence relative des points de vue clérical et séculier. L'État muscle la puissance paternelle, fondement d'une société remontant, d'obéissance en obéissance, de dépendance en dépendance, jusqu'au roi. Tandis que l'Église exige, sacrement du mariage oblige, le libre consentement des consciences sous l'œil de Dieu et la main du prêtre. – Soit. Mais l'Église condamne, avec quelle violence, en France du moins, le théâtre et la comédie, que l'État surveille et protège. Et le libre consentement des conjoints n'a rien à voir avec le mariage passionnel, avec le mariage d'impulsion sentimentale mis en scène par la comédie. Pour l'Église comme pour Rousseau, la passion ne saurait servir de garant à une union durable, et donc raisonnable. Fonder le mariage sur le désir, sur la passion, conduit inéluctablement à la légitimation du divorce, inaugurée par la Révolution française. Ce que l'Église attend avant tout du mariage, ce n'est pas la conjugaison désirante de deux libertés, mais une double légitimation de la copulation : par le sacrement, par la reproduction. Comment pourrait-elle s'y tromper ? Rien, dans la comédie, ne répond à ces saintes visées, à ces pieux scrupules.

La comédie exalte les élans impétueux du cœur, les impulsions du corps, les ruses et les violences ; elle fait fi de la pudeur, de l'obéissance, du devoir, de l'humilité, de la pénitence. Tout, au théâtre, sur scène et dans la salle, respire évidemment la concupiscence.

Rien de plus facile, dans un sermon ou un discours moral, que de balancer harmonieusement les devoirs. Aux jeunes gens, patience et respect, obéissance et devoir.

Aux parents, une autorité non tyrannique. Mais dans une comédie, il faut bien que jeunesse se rebelle, et que se fassent berner les parents trop réprimants. Il faut bien que la ruse seconde le désir, et que l'autorité chancelle pour satisfaire les vœux monnayés du spectateur. Avant même que le rideau se lève, avant même qu'il ait écrit la première réplique, un auteur de comédie fait déjà figure de prévenu aux yeux de la morale : Rousseau met son génie au service de ce que sait le moindre curé de campagne, le plus ingénu vicaire.

L'éducation blanche

Marivaux n'a rien d'un cynique et d'un matamore de scène. Il a horreur de l'impudence, de l'impudeur. Mais il a une répulsion encore plus forte, me semble-t-il, pour l'avarice, signe radical des âmes basses (valets mis à part), et la violence tyrannique. Ces deux traits se conjuguent dans ces terribles Mmes Argante de *L'École des mères*, de *L'Épreuve*, des *Acteurs de bonne foi.* Chaque fois, avec une fermeté qui donne à réfléchir, il campe une Angélique « élevée dans la plus sévère contrainte », et qui risque de n'avoir à donner, à celui qu'elle aime, « que des regrets, des larmes et de la frayeur » (*Éc. des mères*, sc. 2). Point question, donc, de diluer les torts en adroit philistin. Toujours est d'abord dénoncée la violence de qui fait main basse sur une âme (tel aussi Hermocrate dans *Le Triomphe de l'amour*), et se scandalise ensuite des amours éperdues pour le premier venu, des tromperies. Quand l'habitude de la contrainte anéantit la résistance, surgissent les solutions du désespoir (enlèvement, mariage clandestin). À travers Mme Argante (*Éc. des mères*, sc. 4), Marivaux désigne sans équivoque un idéal d'éducation féminine et un idéal du moi parental : la sévérité de l'éducation n'est que le masque d'un moi égoïste. Mais est-ce forcer que de lire, en Mme Argante et M. Damis, un autre désir qui maintenant s'étale et s'encourage en tous lieux, le désir de nier l'âge ? Chez la mère en niant la jeunesse ; chez le père en niant sa vieillesse. L'éducation, alors, s'oppose à la nature, et l'enjeu se nomme orgueil, désir de domination, raideur infatuée.

Mme Argante veut bien entendu plus que le plaisir de la contrainte : elle exige aussi la reconnaissance, l'adhésion pleine et entière à ses vues, pour se rabattre aussitôt sur une *disposition d'indifférence* somme toute préférable ! (sc. 5). On mesure la contradiction : une éducation fondée sur la plus pure volonté, destinée à brider la nature, prétend déboucher, par le mariage, sur des *vertus qui ne coûtent rien* ! Marivaux désigne ici (à l'avance ?) une contradiction majeure des utopies éducatives : la vertu sans effort par le dressage méthodique, laborieux ; l'innocence par l'ignorance.

Le léger revers de cette éducation apparemment si chrétienne (obéissance, innocence, vertu) est d'aboutir à une négation explicite de l'âme de l'épouse, pur amour privé de toute volonté (sc. 5). Mais on ne saurait refuser alors une ferme cohérence au discours maternel : de la fille à la femme, on ne quitte jamais le terrain de l'obéissance et de la puérilité. Il n'est pas d'âge adulte pour la femme. L'époux est d'abord un père ; la fille mariée change de famille, pas de statut. Fille ou femme, elle doit apprendre le grand secret de toutes les éducations chrétiennes, la domestication du désir, qui ne souffre pas le moindre relâchement, tant rôdent les « passions libertines » et les jeunes extravagants. Philosophe sans le savoir, Angélique soulève alors un embarrassant problème : « mon mari ne sera pas ma mère » ! L'objection paraît forte. Mais on peut la tourner : 1. un mari ressemblera d'autant plus à une mère que ses « désirs » seront plus « modestes » (sc. 4). Ce qui semble le cas de M. Damis. 2. une femme ressemblera d'autant plus à une fille qu'elle conservera son « goût de retraite, de solitude, de modestie… ».

Il semble bien difficile, devant tous ces thèmes, de se persuader que Marivaux songe plus à Dancourt qu'à Molière. Il repasse inévitablement par ce qu'on pourrait appeler le nœud d'Agnès, le paradoxe de l'éducation blanche : pour cultiver la vertu, laissons la raison en friche. Mais de ce jardin désert surgit l'innocent désir, le désir de savoir ce que savent les éducateurs du négatif, ce mal qu'ils cachent et redoutent. L'éducation blanche permet d'entendre l'autre voix, celle qui échappe aux roueries canoniques du ramage marivaudien, à l'entrelacs du oui et du non, du dit et du non-dit. Par Angélique, nous écoutons la voix de l'ingénuité qu'aucun contrôle social ne retient, la voix prise au tremblement de sa toute neuve liberté. Rien ne sert de gloser à l'infini sur le marivaudage, si l'on oublie qu'il fait place aussi au chant des voix immédiates, dont l'innocence consiste à ne pas savoir le monde et donc à dire spontanément les élans nouveaux.

« Y a-t-il du mal à lui dire le plaisir… »

Prenons-y garde pourtant. L'ingénuité n'est pas l'innocence ; la pureté des aveux sans détour n'est pas une candeur d'avant le péché – pas plus ici que dans *La Dispute* ou *La Double Inconstance.* Voix ingénues et voix policées disent, sur deux modes, la même nature : affamée de désir, de désir de reconnaissance. Si l'individu de Prévost promène son inquiétude sous un ciel trop ténébreux, l'acteur marivaudien aspire, de toute sa délicatesse ombrageuse, aux souffrances voluptueuses de la reconnaissance. Aimer, c'est exister, parce que aimer, c'est d'abord être aimé, reconnu, préféré, élu. Fidèle écho des oscillations du cœur, de la nature, l'inconstance est aussi, en son fond le plus secret, le baptême renouvelé du moi, une renaissance à soi dans la course des recommencements. Les ingénues, comme les enfants sauvages de *La Dispute* (1744), découvrent en même temps, au sortir de leur réclusion, l'irruption enivrante des désirs et leur socialisation, qui n'est pas seulement devoir de pudeur, mais aussi sage gestion d'un appétit mobile, prudente économie de la relation amoureuse. Il faut que la parole se masque, que le corps se dérobe pour amortir l'usure du temps et la concurrence des objets. Les conseils de Lisette (« cachez-en du moins une partie à Éraste : si par hasard vous lui parliez, il y aurait du trop », sc. 6) rejoignent ceux qu'on donne aux sauvageons de *La Dispute*. On pourra suivre, au fil du texte, les épanchements délicieux d'une parole pas encore saisie, comme chez la Comtesse de *La Fausse Suivante*, par l'usage du monde et les roueries de la coquetterie. C'est dire si la figure du masque échappe à toute définition univoque : à la fois mensonge (Lélio, le Chevalier, les valets, etc.), mondanité (la Comtesse) et précaution préventive (Lisette/Angélique, la Comtesse).

L'ingénue inverse donc le parcours canonique du marivaudage : elle ne va pas du masque à l'aveu, mais de la parole spontanée à l'échange maîtrisé, qui appelle lui-même, le moment venu, le risque délicieux, douloureux, de l'aveu et de l'abandon. Ainsi, l'éducation blanche des mères rigoristes ou les expériences ténébreuses des princes philosophes aboutissent au même résultat : de petits sauvages si exactement semblables à nous qu'il ne leur reste à apprendre, en un tour de main, que l'art de faire des mines, l'art de faire semblant. C'est bien pourquoi il n'y a rien de commun entre Marivaux et Sade, entre *La Dispute* et les châteaux sadiens.

Mais que de différences aussi entre Angélique et les cobayes éducatifs de *La Dispute* ! Aucun des acteurs de *La Dispute* ne traverse par exemple, comme Angélique, son savant apprentissage des modes de la parole, à coup sûr un des axes de la pièce. D'Angélique à sa mère règne le discours extorqué : dites-moi librement ce que j'exige que vous me disiez (« c'est ce que vous pouvez dire à Monsieur, Angélique, je vous le permets, entendez-vous ? », sc. 11). D'Angélique à Lisette, le discours confiant, libéré, propre à la confidence. D'Angélique à Éraste, le discours périlleux, qui préfigure les risques de l'échange social, objet central des pièces de Marivaux, ce mixte instable de pudeur, de coquetterie, d'élan, de méfiance, de crainte et de désir, de mensonge et de vérité. De pulsion naturelle et d'exercice mondain. La glaciation extrême de l'échange mondain s'exprime dans la norme du mariage définie par Mme Argante : pas de déclaration avant la cérémonie, une soumission absolue ensuite (sc. 11), tandis que la scène 12 confronte brillamment besoin de vérité et devoir de politesse. Mais la comédie culmine évidemment sur les trois scènes d'aveu, qui n'ont pas d'équivalent dans *La Dispute*, ni ailleurs que dans *La Mère confidente* et *L'Épreuve* : aveu à la mère (sc. 5), à Éraste (sc. 7), à Damis (sc. 12). Deux de ces scènes (sc. 5 et 12) sont des *épreuves*, qui engagent la qualité d'Angélique, comme la confrontation de Marianne avec la famille de Valville en présence du ministre, dans le roman de *La Vie de Marianne*. Ces deux sommets de la pièce soumettent la Jeune Fille, on devrait dire l'Enfant, aux affres de la parole devant les Vieux, devant l'instance sociale, aux périls de l'aphasie confondue avec la vertu. Comme dans *L'Épreuve*, la violence retenue de la parole ingénue libère le rire et remue le cœur, tout en interrogeant les rapports de domination au sein même de leur statut le plus naturel.

> « Ce ne sont point des leçons sèches, qui sentent l'autorité d'une mère ; ce sont des avis que vous donne une amie, et qui partent du cœur. »
>
> (Mme de Lambert, *Avis d'une mère à son fils*, 1728.)

Rien de ce qui précède n'autorise à voir véritablement dans *L'École des mères* une pièce sensible, qui reposerait la question du comique en termes inédits. La mise au premier plan, pour la première fois dans son théâtre, du thème de l'éducation, et l'apparition de ces nouveaux personnages destinés à revenir, Mme Argante et Angélique, n'entraînent pas Marivaux sur les chemins qui conduisent à la comédie dite larmoyante. Il ne me semble pas que, de *L'Île des esclaves* (1725) à *L'École des mères*, le rapport du sentiment et du comique se soit modifié, que la visée comique ait le moins du monde perdu de son exceptionnelle énergie. À preuve, s'il était besoin, la séquence finale des quiproquos nocturnes dans l'appartement de Mme Argante, aux antipodes du comique sérieux visé par Destouches (*Le Philosophe marié*, 1727, *Le Glorieux*, 1732) et surtout par le père de la comédie dite larmoyante, Nivelle de La Chaussée, à partir de 1733 (*La Fausse Antipathie*).

Il en va tout autrement avec *La Mère confidente* (1735), seule pièce de Marivaux qui se rapproche indiscutablement du nouveau genre et entre donc en contraste si extrême avec *La Fausse Suivante*. On peut même avancer que le couple de Dorante et d'Angélique est une inversion exacte de Lélio et du faux Chevalier : un cadet désargenté et amoureux renonce à une riche veuve par amour pour Angélique, qui met son bonheur à l'enrichir. Renversement sentimental, qui ne va pas sans ironie (Lubin et Lisette s'en chargent). Même inversion pour le personnage maternel, cette fois par rapport à *L'École des mères* (« cette mère qui m'idolâtre, qui ne m'a jamais fait sentir que son amour, qui ne veut jamais que ce que je veux », I,2. Là encore, n'oublions pas la réplique de Lisette !). On est tenté, il faut l'avouer, de comprendre une inversion aussi radicale, si peu dans la manière de Marivaux, comme une sorte de démonstration : à quelles conditions peut-on écrire une comédie sérieuse ? Qu'il reprenne et renverse une comédie antérieure donne à penser. Non pas qu'il faille mettre en doute, chez lui, l'existence d'une veine sensible, évidente du *Spectateur français* à *La Vie de Marianne*, amplement confirmée par de nombreuses scènes de son théâtre. Mais une chose est de laisser affleurer de la sensibilité sur la scène comique, autre chose de fonder sur elle toute une comédie, une sorte de nouveau genre. Or, si *La Mère confidente* fut bien une incursion expérimentale, le fait est qu'elle n'entraîna pas la conversion du dramaturge.

L'élection sentimentale

En passe de sortir de l'indistinction enfantine et fusionnelle (elle veut ce que je veux, je veux ce qu'elle veut), quoique tentée d'en appliquer la logique à Dorante (quel plaisir de le rendre riche ou de devenir pauvre !), Angélique ne craint pas vraiment la « violence » maternelle. Quel est alors l'enjeu ? L'inégalité de fortune. Non pas l'autonomie, la liberté des jeunes, mais bel et bien la substitution du cœur aux convenances, l'élection sentimentale comme valeur suprême. On a reconnu l'enjeu central de *La Vie de Marianne.* De *L'École des mères* à *La Mère confidente*, le débat s'est largement déplacé, et il ne pouvait pas en aller autrement dans la structure imaginée par Marivaux du rapport mère-fille. Ou bien l'obstacle tenait à une décision maternelle, et Mme Argante n'était plus cette mère exceptionnelle, ou bien Mme Argante étant ce qu'elle est et ce sur quoi la pièce repose, il fallait un obstacle objectif. Il n'en existe que deux : le rang, la fortune. Marivaux choisit évidemment le second, car la comédie ne permet guère de cumuler ces deux handicaps qui ne retiennent pas Mme de Miran, dans *La Vie de Marianne*, d'adopter la jeune orpheline de naissance inconnue.

Mais on sait très vite (dès I,8) que la question n'est pas seulement de savoir si Mme Argante est prête à cette conversion aux valeurs du cœur dont Mme de Miran recueille toute la grandeur. Le vrai problème est ailleurs – dans le titre. Il est dans cette ambition sentimentale, dans cette ambition spirituelle, aussi étrange qu'héroïque, et peut-être diabolique, d'une transparence qui effacerait la différence d'âge et de statut, qui substituerait l'intime confiance, l'égale égalité de l'amitié aux rapports de subordination naturelle. Enjeu moral, enjeu social, enjeu politique. Chimère troublante, mais combien profonde chez Marivaux, d'une république des cœurs, d'une république de la douceur, qui n'écraserait pas impitoyablement les âmes délicates et souffrantes froissées par la vie.

Ce rêve s'exprime, au même moment, dans *La Mère confidente* et dans *La Vie de Marianne*, au profit de cet étrange propos – étrange au regard de la tradition philosophique : une amitié féminine, une connivence féminine où se profile ce que j'appellerais volontiers l'idéal fénelonnien de Marivaux, sa pente la plus secrète, la plus rêveuse.

Comme si l'univers marivaudien du masque suscitait ici l'appel de la transparence : transparence à soi dans le roman-mémoires ; transparence des cœurs dans l'amitié des belles âmes. Sans oublier cette autre transparence, moins reconnue, qui a son écho au théâtre, celle qui passe par la joie et le saut bondissant, sans retour, hors des normes sociales (*L'Indigent philosophe*, 1727). Mais les questions affluent. Est-il possible d'allier confiance et direction de conscience quand l'enfant entre en « âge raisonnable », en âge de désirs, quand la fille devient femme ? Qu'est-ce qu'une direction de conscience laïque qui s'efforce d'harmoniser l'effusion confiante des âmes et le droit de juger, en tout cas de conseiller ? Peut-on rester mère et devenir amie, ou bien n'y a-t-il de choix qu'entre le commandement et la démission ? La naissance de l'amour inscrit-elle fatalement, au moment fixé par la nature, la fermeture des consciences propre au monde adulte, le langage trompeur, le voile des sentiments, la fin des effusions enfantines ? Comment diriger sans tyranniser ? Voile et transparence, effusion et fermeture, autorité et liberté : ce n'est pas par hasard que cette dialectique évoque aussitôt Rousseau, même si Marivaux se garde soigneusement, comme toujours, de toute abstraction philosophique. Hegel n'est sans doute pas le premier grand philosophe à méditer Marivaux... Je doute que Clarens, ce mixte étrange de direction duplice et de transparence effusive, ne doive rien à Marivaux. Mais peut-être s'agit-il là d'illusions purement rétrospectives. Qui n'empêchent pas de lire *La Mère confidente* avec *Émile* en poche.

Auguste et Puntila

« Vous, la confidente de votre fille ? » – Pas ta mère, ton amie... : sommes-nous si loin des grands paradoxes rousseauistes ? Il y a une sorte de sublime dans ce serment à la fois éperdu et duplice : « je les sépare, moi ». En cette scène (I,8), en cet enjeu (dont le paradigme remonte peut-être au célèbre aveu de Mme de Lafayette), la comédie rivalise avec les grands moments tragiques (on pense évidemment à Auguste et Cinna). Ce formidable dialogue (qu'on dirait volontiers un entretien analytique en face à face, tant il requiert de confiance, d'effort sur soi, de travail en commun pour accoucher une vérité douloureusement libératrice) mériterait à coup sûr une place dans les anthologies théâtrales. Comment en effet nommer la figure qui s'y réalise ? Un travestissement à l'état pur, à visage découvert, car accord réciproque, sans changement d'habit ni de nom, où l'ivresse qui transforme Maître Puntila de maître en ami n'est qu'une ivresse sentimentale, une foi dans les pouvoirs du cœur d'effacer les rangs et les subordinations, d'effacer les effrois et les censures. Le théâtre donne brusquement à voir une sorte d'anticipation foudroyante, trop forte pour l'ici-bas des choses, sur une cité céleste où ne parleraient que la bonté et le pardon – l'absolue bonté sans humiliation, l'absolu pardon sans supériorité, l'absolu échange des cœurs enfin découverts, enfin en état de se confier. Comme un oiseau qui resterait dans la main ouverte qui lui désigne le ciel...

Avouer, c'est se confier. Se confier, c'est se fier à. Il y faut donc du courage. Mais ce courage se partage, car il faut donner le courage d'avouer : Rousseau le rappelle admirablement dans le récit du ruban volé (*Les Confessions*, livre II). La situation imaginée par Marivaux demande encore plus : l'effacement réciproque du devoir d'obéir et du pouvoir de commander, l'effacement du rapport naturel mère-fille, au profit de ce que j'appellerai un peu hardiment – comment dire sans fausser ? – un rapport de citoyenneté, à tout le moins d'égalité. Pas une égalité abstraite et arrogante. Une égalité qui sait les différences. La fille n'oublie pas qu'elle parle à sa mère (« ne voilà-t-il pas cette mère qui est absente ? »), si la mère oublie parfois qu'elle est amie (« *Vous* aimez ? »). Bien entendu, cette égalité des cœurs n'efface l'inégalité naturelle de la dépendance enfantine qu'en réalisant l'ordre de la nature, qui veut que les enfants grandissent. Mais ce dessein naturel (qui interdit aux penseurs libéraux de rabattre le politique sur le familial en vue de justifier la dépendance absolue des sujets) n'appelle nullement de soi l'intimité confiante qui s'exprime ici. Il n'appelle nullement l'effacement de la crainte sacrée liée à la figure parentale dans l'imaginaire des Lumières. D'où la force pénétrante de ce cri d'Angélique, un de ces cris qui font la grandeur du théâtre : « je n'ai plus peur » (I,8). Je n'ai plus peur, car je me fie à ma confiance... Avancées et reculs de la peur et de la confiance, avancées et reculs des mots, qui épousent le mouvement des yeux : « c'est l'air que vous avez pris qui m'a alarmée ». *Je n'ai plus peur* : peut-être la plus belle définition qu'on ait jamais donnée de l'éducation, de la naissance à soi dans la reconnaissance d'autrui, de la citoyenneté humaine.

Naissance du conflit éthique

Alors s'engage la deuxième phase du prodigieux tête-à-tête de la mère et de la fille. À l'aveu succède l'appréciation : amour ou passade ? Puisque Angélique ne veut pas donner à sa mère l'autorisation de lui interdire de voir Dorante (forcez-moi à être libre !), il ne reste à celle-ci qu'à déplorer l'égarement de sa fille et les risques qu'elle encourt. Est-ce duplicité ? Jeu de dupes par retournement des rôles ? On n'échappe pas à cette lecture, mais on ne peut s'y tenir, tout simplement parce que Angélique ne la fait pas. Mme Argante ne sortirait en effet du contrat de parole qu'en interdisant, ce qu'elle ne fait pas. L'amie a le droit et le devoir de conseiller.

A-t-elle pour autant tort de réprouver si énergiquement l'intrigue de sa fille ? Y a-t-il excès de rigorisme ? Ne répondons pas trop vite oui, au nom de nos modernes idéologies du désir, en oubliant le statut de la femme, le Lélio de *La Fausse Suivante*, et ce que disent sans cesse les héroïnes de Crébillon : toute faute, pour la femme, est sans retour. Mieux vaut insister sur la nouveauté de cette fin de scène et d'acte. Elle ne tient pas au changement de l'héroïne ; toutes les jeunes femmes de Marivaux passent par l'humeur chagrine d'Angélique. Mais il s'agit alors de retournements du procès amoureux. Pour la première fois, ici, le revirement vient d'un conflit intime, non plus entre l'amour et l'amour, mais entre l'amour et la morale, entre le penchant et le discours du devoir, qui pourrait indiscutablement engager vers un nouveau comique. Même si la mésaventure d'Arlequin en face d'Euphrosine, dans *L'Île des esclaves* (sc. 8), confrontait déjà l'inclination à la pitié.

Que penser de ce conflit éthique, sans postérité dans le théâtre marivaudien ? À première vue, il ne semble pas engager de valeurs très profondes, à l'inverse de ce que mobilise le dialogue avec la mère. Dans sa complaisance initiale aux sirènes de l'amour comme dans son raidissement vertueux, Angélique cède aux impulsions brusques et juvéniles qui font le charme des jeunes ingénues de théâtre en train d'apprendre le monde. D'où le plaisant du code de bonnes manières pour jeune fille bien élevée qu'elle débite devant Dorante (II,3) : classique et délicieux ramage marivaudien, où Angélique répète le discours maternel pour l'exposer à réfutation. En fait, l'hésitation d'Angélique (« J'ai été trop vite, ma mère, avec toute son expérience, en a mal jugé ; Dorante est un honnête homme », II,4) touche bien à quelque chose d'essentiel et d'inédit. Car la mère, qui n'a pas jugé Dorante, mais une situation générale, a évidemment raison. Tous les romans libertins et *Le Paysan parvenu*

(1735) et *La Fausse Suivante* le disent. Dorante préfigure son homonyme des *Fausses Confidences* ; comme lui, il réunit, pour la première fois chez Marivaux, le désir amoureux apparemment sincère et la possible ambition sociale, à la différence du pur libertin comme Lélio, qui disjoint cyniquement élan et calcul. Au regard du principe de réalité, qui détermine *Le Paysan parvenu*, que répondre à la mère ? On ne peut même pas lui reprocher, comme dans *L'École des mères*, la néfaste ignorance des mauvaises éducations : « *Angélique* – [...] j'ai si peu d'expérience ! serait-il difficile de me tromper si on voulait ? Je n'ai que ma sagesse et mon innocence pour toute ressource, et quand on n'a que cela, on peut avoir peur » (II,6). Oui, les héroïnes des Lumières peuvent avoir peur ! Les loups les guettent sur tous les champs de l'imaginaire.

Le principe féminin

Mais à partir de là, de ce refus de tout risque, de toute confiance, il n'y a plus d'héroïsme possible, plus d'amour, seulement des mariages de convenance et de résignation, avec les Ergaste. Or le principe de réalité, la gestion avisée des choses ne sont pas tout Marivaux (ni même tout Jacob). À côté de Jacob, il y a Marianne, principe féminin, héroïque, aventureux, impulsif, qui ne vise pas la jouissance égoïste, qui aspire aux affinités électives, aux complicités d'âme (avec Mme de Miran, avec Mme Dorsin, avec Tervire, comme ici entre mère et fille). Que l'amour pour Dorante, avoué, puis renié, et enfin réassumé, bute toujours sur l'obstacle de la disconvenance, prouve bien que l'enjeu de la pièce concerne la nature de la morale. La conversion de la mère en amie va éduquer la mère en éduquant la fille : la fille doit apprendre la prudence et le soupçon, l'effort sur soi ; la mère l'élan du cœur contre les discours convenus et les bienséances, contre même les raisons les plus raisonnables... Qui éduquera les éducateurs ? demandait

Brecht. Et là encore, je repense à Rousseau, à son invraisemblable *Émile* : une si fantastique éducation, tant de raisons et tant de précautions, pour finir aux galères turques par chagrin d'amour ! Quoi qu'on fasse, sous toutes ses manigances et toutes ses illusions, l'amour est bien, dans le théâtre de Marivaux, une aventure, le pari des âmes chimériques.

La Mère confidente, comme *La Vie de Marianne*, est une école des cœurs. Soit l'exemple d'abord de l'enlèvement, appelé par l'inflexibilité parentale (fondée ici sur la tendresse autant que sur les convenances sociales). Esquivé dans *L'École des mères*, pourquoi apparaît-il maintenant en pleine lumière ? Parce qu'il touche directement à la morale de la pièce. Étant une contrainte, un moyen de forcer la main des parents (et donc combattu par l'État), Angélique le refuse au profit d'un pari sur la confiance, sur le sentiment (« je la toucherai »). C'est le pari de Marianne, le pari des belles âmes, qui n'exclut pas retombées et manigances, absentes des relations entre Mme de Miran et Marianne, mais nécessaires au théâtre, où l'univers comique interdit l'entrée de plain-pied dans l'effusion (« Plus de confidences, Lisette a raison, c'est le plus sûr », II,12). Le beau de cette entrevue du second acte, c'est que la jeune fille s'y élève au-dessus de la mère, au point qu'on soupçonnerait presque Marivaux de rivaliser avec une scène célèbre du *Cid*. Mais alors que Don Diègue se fige dans ses vétustes conceptions, Mme Argante entre en émulation avec sa fille, pour aboutir à ce renversement inattendu de l'audace cornélienne : c'est la mère qui ira voir l'amant !

L'émulation des cœurs appelle aussi des scènes qui n'existaient pas jusqu'alors dans le théâtre marivaudien. Par exemple en III,6, où Dorante, effrayé des aveux d'Angélique à sa mère, tente d'exploiter ce qu'au même moment Crébillon fils appelle une *occasion*, un *moment* (entendons un *égarement* du corps et de l'esprit), pour pousser Angélique à fuir et ainsi la compromettre. Il s'agit d'une scène de tentation, dont l'enjeu met à l'épreuve la qualité, l'estime de soi, le partage entre médiocrité et belle âme. C'est parce qu'il s'approche de la comédie sensible que Marivaux peut côtoyer la situation éminemment romanesque de la tentation, de la corruption, jusqu'alors exclusivement réservée, dans son théâtre, à la sphère des valets (à l'exception peut-être, et cela prête à réflexion, de sa tragi-comédie, *Le Prince travesti*).

« Je me suis ôté tous les moyens de vous déplaire »

Alors éclate un motif tout à fait inédit, lui aussi, dans le théâtre marivaudien : en avouant son désarroi, ses tentations, en se remettant totalement à sa mère, en misant sa vie sur l'amour de sa mère, Angélique renverse la situation (c'est aussi la déréliction héroïque de Marianne qui lui attire les cœurs). Angélique gagne et se sauve parce qu'elle s'est dépouillée de tous les masques et de toutes les ruses qui font ordinairement la réussite dans l'univers comique. Il s'agit bien d'une émulation héroïco-sensible, d'une série d'épreuves qualifiantes entre mère et fille, entre femmes (car Lisette marque la différence et tente d'attirer Angélique dans sa sphère, comme Mme Dutour, lingère, au début de *La Vie de Marianne*). Nous sommes ici dans l'anti-monde de *La Fausse Suivante*, à l'envers du paysage glacé où la jeune fille, usée, fardée, désabusée, contemple son triomphe mortel (personne n'a mieux dit cela que Jacques Lassalle dans le final silencieux de sa mise en scène). Ici, tout s'obtient en pariant sur la confiance, sur la conscience, sur l'âme. Si une telle interprétation a quelque vérité, elle donne entière raison à Léo Spitzer contre G. Poulet [1].

Reste à éprouver Dorante sous le regard croisé des deux femmes (III,11). Je me plais à lire cette situation

1. G. Poulet, *Études sur le temps humain*. II. *La Distance intérieure*, Plon, 1952. L. Spitzer, « À propos de *La Vie de Marianne* », *Romanic Review*, 1953.

étonnante comme une inversion de la comparution de Marianne devant la famille de Mme de Miran : c'est au tribunal des femmes que comparaît l'amant. Redisons-le encore : c'est la première fois, dans le théâtre de Marivaux, et la dernière, qu'il est donné au spectateur d'assister à une discussion morale aussi précise et aussi grave, à une telle pesée de la qualité. L'inattendu, c'est que l'élan de la vertu emporte d'abord Angélique (« Ah ! Dorante, que vous êtes coupable ! »), avant que le cœur de Dorante s'éclaire à son tour, lorsqu'il comprend qu'il est deux manières de perdre Angélique : en ne l'obtenant pas ; en la compromettant. On a sans doute quitté ici l'univers comique traditionnel, pour entrer dans la sphère héroïco-sentimentale où les fautes morales se paient au prix de la vie (Lessing en tirera la leçon dans *Miss Sara Sampson*), où les belles âmes s'élisent et se reconnaissent, et obtiennent parfois des conversions dont Dorante donne l'avant-goût (la conversion du libertin va obséder la fiction, drame bourgeois et roman). Qu'il s'agisse bien du monde sentimental éclate dans l'exclusion qui frappe, contre toutes les règles du théâtre marivaudien, la pauvre Lisette. Car Lisette paie pour la structure de la pièce, qui l'oblige à incarner le principe de réalité, l'effronterie de la ruse comique, afin de dédouaner Dorante. Dubois jouera le même rôle dans *Les Fausses Confidences*, mais recevra évidemment l'absolution d'Araminte : ce n'est pas un problème de caractère, mais un problème de genre. L'exclusion de Lisette a comme une valeur de symptôme : quelle place faire au cynisme et à la vulgarité comiques dans l'univers du sentiment et de la morale ? Le siècle va rêver d'allier sensibilité et comique délicat, tout en déplorant sans cesse l'extinction du rire et de la franche gaieté d'autrefois. Le comique, ou la mauvaise foi des Lumières.

Double jeu ?

Le renvoi de Lisette ferait alors signe vers une autre Argante qui, en 1757, dans *Les Acteurs de bonne foi*, voudra exclure le théâtre, au nom de la décence, et se trouvera prise au piège de la comédie jouée sans le savoir. Mais la question se pose ici autrement, et concerne le spectateur : la mère confidente est-elle une belle âme ou une âme duplice ? Comment comprendre son double jeu ? Son rapport adulte à sa fille est-il remis en cause par l'espionnage ? Sa conduite n'est-elle au fond qu'une forme raffinée de manipulation, une rouerie pédagogique, une ruse de direction de conscience ? Un théâtre de la morale et du sentiment, masquant le sourd travail de feintes en coulisses ? On rencontrerait alors, à nouveau, la trace future de Rousseau, dans *Émile* comme dans *La Nouvelle Héloïse*, le paradoxe énigmatique d'une liberté épiée et réglée en sous-main… Mère confidente ou mère sournoisement tyrannique ?

On remarquera que Mme de Miran n'hésite pas un instant, dans *La Vie de Marianne*, à faire surveiller son fils, qui, à la veille d'un beau mariage, s'amourache lui aussi d'une jeune fille sans naissance et sans fortune (Marianne). Or il semble impossible de douter, dans le roman, de la valeur morale de Mme de Miran (il est vrai que l'aveu immédiat de Marianne ôte toute raison à la surveillance). On pourrait alors y voir une conséquence obligée du pacte comique, qui permet, à travers Lubin, d'injecter énergie comique et suspens, sans avoir à trop s'interroger sur la signification du procédé. Mais dissocier comique et valeurs, dans une pièce qui porte sur la sincérité, reviendrait à tenir Marivaux en assez piètre estime !

Peut-être faut-il admettre que la surveillance appartient aux prérogatives éducatives, à la responsabilité parentale. Que la ruse est ici un devoir de la raison, le secours de la sagesse. L'envers des droits auxquels le pouvoir renonce librement. Le secret maternel entache-t-il vraiment le contrat moral, tant que la mère laisse à sa fille la liberté d'agir, tant donc qu'elle fait seulement usage des armes du cœur et de la raison, propres à l'amitié ? D'autant, c'est me semble-t-il décisif, que la mère s'éduque en chemin et consacre le choix de sa fille.

Mais demeure inscrite à jamais, dans la fable et en son centre, la trace énigmatique d'une sincérité masquée qui a directement partie liée avec la source du comique le plus net (Lubin). Rien n'empêche qu'une actrice nous fasse mesurer – Rousseau nous y aide – la redoutable ambiguïté de ces pédagogues de la liberté ! Quoi qu'on dise, le théâtre comique interdit à Mme Argante d'être Mme de Miran, une pure et rayonnante belle âme.

Cette unique incursion dans l'orbite de la comédie sérieuse, de la comédie du sentiment, suffira à Marivaux. Il n'était pas l'homme du futur drame bourgeois, ni même de la comédie larmoyante en gestation, des révolutions esthétiques autoproclamées, du comique mis en soupçon, de la morale étalée. Il ne parvient à écrire *La Mère confidente* qu'en retournant ses thèmes dramatiques, en mettant à jour les valeurs morales que ses essais journalistiques explicitent, mais que ses pièces dissimulent. Et pourtant, il restera titillé par l'union du comique et du pathétique, comme en témoigne, en 1755, une curieuse pièce en un acte, *La Femme fidèle*.

La fusion de l'enjouement et de l'émotion, permise par la promotion dramaturgique d'une morale du sentiment, ne rapproche pas seulement Marivaux de Fontenelle, de Voltaire, de Destouches, de La Chaussée (quoique *La Mère confidente* témoigne d'une vitalité comique sans égale chez eux). Elle répond manifestement aux vœux du pouvoir, entendons du vieux cardinal de Fleury, fort hostile au libertinage et aux romans, comme en témoigne la vibrante *Approbation* du censeur qu'on peut lire dans l'édition originale : « J'ai lu par ordre de Monseigneur le garde des Sceaux, un manuscrit intitulé : *La Mère confidente.* Le sentiment si bien traité dans cette comédie, 'ont l'idée est très heureuse, ne pouvait manquer de ıre au public, qui, à l'honneur de son goût, s'attache 'us en plus aux pièces de ce genre ; ainsi l'on voit avec plaisir, que l'auteur continue de faire trouver un intérêt noble, attendrissant et délicat, même sur un théâtre, consacré au seul délassement de l'esprit. À Paris, ce 23 mai 1735, Duval. »

Jean GOLDZINK.

MARIVAUX
À QUELQUES VIRGULES PRÈS

Pas de correspondance, pas de manuscrits, ou presque, pas de querelles, pas d'amours, peu de préfaces, aucun projet de réforme. Marivaux s'est dérobé avec une pudeur obstinée. Nul ne l'épiera dans ses coulisses ni ses alcôves. Il s'est éclipsé en ne laissant derrière lui qu'une garde-robe, une fille au couvent, et ses livres. Ce n'est pas qu'il se drape dans les plis ostentatoires du retrait : son théâtre moque assez les philosophes à principes et les mères rigoristes. Mais il a choisi de se confier, sans confidence, au seul pouvoir du texte – et des comédiens.

Il a pourtant fallu attendre F. Deloffre (*Théâtre complet*, t. I-II, Garnier, 1968, révisé par F. Rubellin à partir de 1989) pour le débarrasser, ce texte radieux, des scories accumulées et reproduites au fil des éditions. Reste, l'orthographe ne faisant pas problème, la délicate, l'irritante question de la ponctuation, dont tout amateur de théâtre devine qu'elle importe sans doute plus, sur scène, que telle interpolation fautive, mais fugitive. Car il s'agit du rythme même de la phrase, de son accent, de sa musique. On a le choix entre trois méthodes.

Ou bien la reproduction à l'identique de l'édition originale (ou de la deuxième, parfois plus correcte, en l'absence, au XVIIIe siècle, de corrections d'auteur sur épreuves). On obtient alors un texte brut, quasi sauvage, largement déraisonnable en dehors d'une édition savante à vocation archéologique, tant il déroute nos attentes. D'autant qu'on risque alors de fossiliser et de vénérer les tics et bévues typographiques de l'imprimeur, bien plus que les choix de Marivaux.

Ou bien la modernisation tranquille, qui naturalise nos normes, ou plutôt celles, généralement académiques, du maître d'œuvre, et donne un accès réconfortant, car sans surprise, au texte marivaudien. Ces deux options symétriques et opposées ont l'avantage non négligeable d'éviter les états d'âme, en s'installant dans une logique systématique et exclusive.

Ou bien, appelant esprit de finesse plus que de géométrie, la tentative d'un retour au plus près de la ponctuation originale, sans choquer brutalement nos habitudes, désorganiser les structures phrastiques, et transformer la lecture en exercice de décryptage. C'est cette démarche que nous appliquons ici, dans le désir de donner à lire un texte de Marivaux un peu différent de la version canonique de F. Deloffre. Avec le désir aussi de faire entendre, y compris dans l'ordre matériel, apparemment figé, du livre imprimé, l'essentielle plasticité du texte théâtral, support de la performance toujours recommencée des acteurs. Somme toute, il n'est pas déplaisant de constater, comme lecteur et comme éditeur, ce que sait tout spectateur : qu'il y a, dans le texte de Marivaux, du jeu, de la surprise, des naissances et des renaissances possibles, ménagées ici par l'histoire même d'un métier destiné à fixer les signes.

Voici, pour mettre en scène l'inconfort de l'éditeur, deux exemples. Le premier illustre l'incommodité d'une reproduction intégrale de l'édition originale : « *Le Chevalier.* Mais qu'est-ce qui t'embarrasse là-dedans ? faut-il tant de cérémonie pour quitter la Comtesse. Il s'agit d'être infidelle, d'aller la trouver, de lui porter ton calcul, de lui dire ; Madame, comptez vous-même, voyez si je me trompe, voilà tout ; » (édition Briasson, 1729, acte I, scène 5 dans la numérotation originelle ; acte I, scène 7 dans les éditions modernes).

Le second se risque à exposer, en trois versions, la part d'arbitraire, ou de subjectivité, qui préside à l'édition des textes les plus classiques.

« *Trivelin*. Que te dirai-je enfin, tantôt maître, tantôt valet, toujours prudent, toujours industrieux, ami des fripons par intérêt, ami des honnêtes gens par goût ; traité poliment sous une figure, menacé d'étrivières sous une autre, changeant à propos de métier, d'habits, de caractères, de mœurs, risquant beaucoup, réussissant peu, libertin dans le fond, réglé dans la forme, démasqué par les uns, soupçonné par les autres, à la fin équivoque à tout le monde, j'ai tâté de tout, je dois partout : mes créanciers sont deux espèces, les uns ne savent pas que je leur dois, les autres le savent et le sauront longtemps. » (édition Briasson, 1729, I,1).

« *Trivelin*. Que te dirai-je enfin ? Tantôt maître, tantôt valet ; toujours prudent, toujours industrieux, ami des fripons par intérêt, ami des honnêtes gens par goût ; traité poliment sur une figure, menacé d'étrivières sous une autre ; changeant à propos de métier, d'habit, de caractère, de mœurs ; risquant beaucoup, réussissant peu ; libertin dans le fond, réglé dans la forme ; démasqué par les uns, soupçonné par les autres, à la fin équivoque à tout le monde, j'ai tâté de tout ; je dois partout ; mes créanciers sont de deux espèces : les uns ne savent pas que je leur dois ; les autres le savent et le sauront longtemps » (édition F. Deloffre, Garnier, t. I, 1968).

« *Trivelin*. Que te dirai-je enfin ? Tantôt maître, tantôt valet, toujours prudent, toujours industrieux, ami des fripons par intérêt, ami des honnêtes gens par goût ; traité poliment sous une figure, menacé d'étrivières sous une autre, changeant à propos de métier, d'habits, de caractères, de mœurs, risquant beaucoup, réussissant peu, libertin dans le fond, réglé dans la forme, démasqué par les uns, soupçonné par les autres, à la fin équivoque à tout le monde, j'ai tâté de tout, je dois partout. Mes créanciers sont de deux espèces, les uns ne savent pas que je leur dois, les autres le savent et le sauront longtemps » (présente édition).

Que conclure ? Qu'en dépit de certaines clameurs scolastiques, les acteurs sont en droit de jouer avec les textes comme ils les entendent ? Il paraît qu'ils n'avaient pas attendu les coupeurs de virgules pour le savoir.

Je remercie la Comédie-Française et l'Imprimerie nationale de m'avoir autorisé à reproduire ce texte (*La Fausse Suivante*, édition J. Goldzink, suivie de notes de travail de J. Lassalle, coll. « Répertoire », Com.-Fç./Impr. Nat., 1991).

LA FAUSSE SUIVANTE
OU
LE FOURBE PUNI

Comédie en trois actes et en prose
représentée pour la première fois
par les Comédiens Italiens
le 8 juillet 1724

PERSONNAGES

LA COMTESSE
LÉLIO
LE CHEVALIER
TRIVELIN, valet du chevalier
ARLEQUIN, valet de Lélio
FRONTIN, autre valet du Chevalier
Paysans et paysannes
Danseurs et danseuses

La scène est devant le château de la comtesse

ACTE PREMIER

Scène I

FRONTIN, TRIVELIN

FRONTIN. – Je pense que voilà le seigneur Trivelin ; c'est lui-même. Eh ! comment te portes-tu, mon cher ami ?

TRIVELIN. – À merveille, mon cher Frontin, à merveille, je n'ai rien perdu des vrais biens que tu me connaissais, santé admirable et grand appétit ; mais toi, que fais-tu à présent ? Je t'ai vu dans un petit négoce qui t'allait bientôt rendre citoyen de Paris ; l'as-tu quitté ?

FRONTIN. – Je suis culbuté, mon enfant ; mais toi-même, comment la fortune t'a-t-elle traité depuis que je ne t'ai vu ?

TRIVELIN. – Comme tu sais qu'elle traite tous les gens de mérite.

FRONTIN. – Cela veut dire très mal.

TRIVELIN. – Oui. Je lui ai pourtant une obligation : c'est qu'elle m'a mis dans l'habitude de me passer d'elle ; je ne sens plus ses disgrâces, je n'envie point ses faveurs, et cela me suffit ; un homme raisonnable n'en doit pas demander davantage ; je ne suis pas heureux, mais je ne me soucie pas de l'être. Voilà ma façon de penser.

FRONTIN. – Diantre ! je t'ai toujours connu pour un garçon d'esprit et d'une intrigue* admirable, mais je n'aurais jamais soupçonné que tu deviendrais philosophe ; malepeste ! que tu es avancé, tu méprises déjà les biens de ce monde !

TRIVELIN. – Doucement, mon ami, doucement, ton admiration me fait rougir, j'ai peur de ne la pas mériter ; le mépris que je crois avoir pour les biens n'est peut-être qu'un beau verbiage, et à te parler confidemment, je ne conseillerais encore à personne de laisser les siens à la discrétion de ma philosophie ; j'en prendrais, Frontin, je le sens bien, j'en prendrais à la honte* de mes réflexions. Le cœur de l'homme est un grand fripon.

FRONTIN. – Hélas ! je ne saurais nier cette vérité-là sans blesser ma conscience.

TRIVELIN. – Je ne la dirais pas à tout le monde, mais je sais bien que je ne parle pas à un profane.

FRONTIN. – Eh ! dis-moi, mon ami, qu'est-ce que c'est que ce paquet-là que tu portes ?

TRIVELIN. – C'est le triste bagage de ton serviteur ; ce paquet enferme toutes mes possessions.

FRONTIN. – On ne peut pas les accuser d'occuper trop de terrain.

TRIVELIN. – Depuis quinze ans que je roule dans le monde, tu sais combien je me suis tourmenté, combien j'ai fait d'efforts pour arriver à un état fixe ; j'avais entendu dire que les scrupules nuisaient à la fortune, je fis trêve avec les miens, pour n'avoir rien à me reprocher. Était-il question d'avoir de l'honneur, j'en avais ; fallait-il être fourbe, j'en soupirais, mais j'allais mon train. Je me suis vu quelquefois à mon aise ; mais le moyen d'y rester avec le jeu, le vin et les femmes ? Comment se mettre à l'abri de ces fléaux-là ?

FRONTIN. – Cela est vrai.

TRIVELIN. – Que te dirai-je enfin ? Tantôt maître, tantôt valet, toujours prudent, toujours industrieux*, ami des fripons par intérêt, ami des honnêtes gens par goût ; traité poliment sous une figure, menacé d'étrivières sous une autre, changeant à propos de métier, d'habits, de caractères, de mœurs, risquant beaucoup, réussissant peu, libertin dans le fond, réglé dans la forme, démasqué par les uns, soupçonné par les autres, à la fin équivoque à tout le monde, j'ai tâté de tout, je dois partout. Mes créanciers sont de deux espèces, les uns ne savent pas que je leur dois, les autres le savent et le sauront longtemps. J'ai logé partout, sur le pavé, chez l'aubergiste, au cabaret, chez le bourgeois, chez l'homme de qualité, chez moi, chez la justice qui m'a souvent recueilli dans mes malheurs ; mais ses appartements sont trop tristes, et je n'y faisais que des retraites ; enfin, mon ami, après quinze ans de soins, de travaux et de peine, ce malheureux paquet est tout ce qui me reste ; voilà ce que le monde m'a laissé, l'ingrat ! après ce que j'ai fait pour lui ! tous ses présents ne valent pas une pistole.

FRONTIN. – Ne t'afflige point, mon ami. L'article de ton récit qui m'a paru le plus désagréable, ce sont les retraites chez la justice ; mais ne parlons plus de cela, tu arrives à propos ; j'ai un parti à te proposer. Cependant qu'as-tu fait depuis deux ans que je ne t'ai vu, et d'où sors-tu à présent ?

TRIVELIN. – *Primo*, depuis que je ne t'ai vu, je me suis jeté dans le service.

FRONTIN. – Je t'entends, tu t'es fait soldat : ne serais-tu pas déserteur par hasard ?

TRIVELIN. – Non, mon habit d'ordonnance était une livrée.

FRONTIN. – Fort bien.

TRIVELIN. – Avant que de me réduire tout à fait à cet état humiliant, je commençai par vendre ma garde-robe.

FRONTIN. – Toi, une garde-robe !

TRIVELIN. – Oui, c'étaient trois ou quatre habits que j'avais trouvés convenables à ma taille chez les fripiers, et qui m'avaient servi à figurer en honnête homme* ; je crus devoir m'en défaire pour perdre de vue tout ce qui pouvait me rappeler ma grandeur passée ; quand on renonce à la vanité, il n'en faut pas faire à deux fois ; qu'est-ce que c'est que se ménager des ressources ? Point de quartier, je vendis tout ; ce n'est pas assez, j'allai tout boire.

FRONTIN. – Fort bien.

TRIVELIN. – Oui, mon ami, j'eus le courage de faire deux ou trois débauches salutaires qui me vidèrent ma bourse, et me garantirent ma persévérance dans la condition que j'allais embrasser ; de sorte que j'avais le plaisir de penser, en m'enivrant, que c'était la raison qui me versait à boire. Quel nectar ! Ensuite, un beau matin, je me trouvai sans un sol. Comme j'avais besoin d'un prompt secours, et qu'il n'y avait point de temps à perdre, un de mes amis que je rencontrai me proposa de me mener chez un honnête particulier qui était marié, et qui passait sa vie à étudier des langues mortes : cela me convenait assez, car j'ai de l'étude ; je restai donc chez lui. Là, je n'entendis parler que de sciences, et je remarquai que mon maître était épris de passion pour certains quidams qu'il appelait des anciens*, et qu'il avait une souveraine antipathie pour d'autres qu'il appelait des modernes* ; je me fis expliquer tout cela.

FRONTIN. – Et qu'est-ce que c'est que les anciens et les modernes ?

TRIVELIN. – Des anciens..., attends, il y en a un dont je sais le nom, et qui est le capitaine de la bande ; c'est comme qui te dirait un Homère. Connais-tu cela ?

FRONTIN. – Non.

TRIVELIN. – C'est dommage ; car c'était un homme qui parlait bien grec.

FRONTIN. – Il n'était donc pas français cet homme-là ?

TRIVELIN. – Oh ! que non, je pense qu'il était de Québec, quelque part dans cette Égypte, et qu'il vivait du temps du Déluge. Nous avons encore de lui de fort belles satires, et mon maître l'aimait beaucoup, lui et tous les honnêtes gens de son temps, comme Virgile, Néron, Plutarque, Ulysse et Diogène.

FRONTIN. – Je n'ai jamais entendu parler de cette race-là, mais voilà de vilains noms.

TRIVELIN. – De vilains noms ! c'est que tu n'y es pas accoutumé : sais-tu bien qu'il y a plus d'esprit dans ces noms-là que dans le royaume de France ?

FRONTIN. – Je le crois. Et que veulent dire : les modernes ?

TRIVELIN. – Tu m'écartes de mon sujet, mais n'importe ; les modernes, c'est comme qui dirait… toi, par exemple.

FRONTIN. – Oh ! oh ! je suis un moderne, moi.

TRIVELIN. – Oui, vraiment, tu es un moderne, et des plus modernes ; il n'y a que l'enfant qui vient de naître qui l'est plus que toi, car il ne fait que d'arriver.

FRONTIN. – Eh ! pourquoi ton maître nous haïssait-il ?

TRIVELIN. – Parce qu'il voulait qu'on eût quatre mille ans sur la tête pour valoir quelque chose ; oh ! moi, pour gagner son amitié, je me mis à admirer tout ce qui me paraissait ancien, j'aimais les vieux meubles, je louais les vieilles modes, les vieilles espèces, les médailles, les lunettes, je me coiffais chez les crieuses de vieux chapeaux, je n'avais commerce qu'avec des vieillards. Il était charmé de mes inclinations, j'avais la clef de la cave, où logeait un certain vin vieux qu'il appelait son vin grec ; il m'en donnait quelquefois, et j'en détournais aussi quelques bouteilles par amour louable pour tout ce qui était vieux. Non que je négligeasse le vin nouveau ; je n'en demandais point d'autre à sa femme, qui vraiment estimait bien autrement les modernes que les anciens, et, par complaisance pour son goût, j'en emplissais aussi quelques bouteilles, sans lui en faire ma cour.

FRONTIN. – À merveille !

TRIVELIN. – Qui n'aurait pas cru que cette conduite aurait dû me concilier ces deux esprits ? Point du tout. Ils s'aperçurent du ménagement judicieux que j'avais pour chacun d'eux, ils m'en firent un crime ; le mari crut les anciens insultés par la quantité de vin nouveau que j'avais bu, il m'en fit mauvaise mine ; la femme me chicana sur le vin vieux ; j'eus beau m'excuser, les gens de partis n'entendent point raison, il fallut les quitter, pour avoir voulu me partager entre les anciens et les modernes. Avais-je tort ?

FRONTIN. – Non, tu avais observé toutes les règles de la prudence humaine. Mais je ne puis en écouter davantage, je dois aller coucher ce soir à Paris, où l'on m'envoie, et je cherchais quelqu'un qui tînt ma place auprès de mon maître pendant mon absence ; veux-tu que je te présente ?

TRIVELIN. – Oui-da. Et qu'est-ce que c'est que ton maître ? Fait-il bonne chère ? Car dans l'état où je suis, j'ai besoin d'une bonne cuisine.

FRONTIN. – Tu seras content, tu serviras la meilleure fille…

TRIVELIN. – Pourquoi donc l'appelles-tu ton maître ?

FRONTIN. – Ah ! foin de moi, je ne sais ce que je dis, je rêve à autre chose.

TRIVELIN. – Tu me trompes, Frontin.

FRONTIN. – Ma foi oui, Trivelin, c'est une fille habillée en homme dont il s'agit. Je voulais te le cacher, mais la vérité m'est échappée, et je me suis blousé* comme un sot. Sois discret, je te prie.

TRIVELIN. – Je le suis dès le berceau. C'est donc une intrigue que vous conduisez tous deux ici, cette fille-là et toi ?

FRONTIN. – Oui. *(À part.)* Cachons-lui son rang… Mais la voilà qui vient, retire-toi à l'écart, afin que je lui parle.

Trivelin se retire et s'éloigne.

Scène II

LE CHEVALIER, FRONTIN

LE CHEVALIER. – Eh bien, m'avez-vous trouvé un domestique ?

FRONTIN. – Oui, Mademoiselle, j'ai rencontré…

LE CHEVALIER. – Vous m'impatientez avec votre *Demoiselle*, ne sauriez-vous m'appeler *Monsieur* ?

FRONTIN. – Je vous demande pardon, Mademoiselle… je veux dire Monsieur. J'ai trouvé un de mes amis, qui est fort brave garçon ; il sort actuellement de chez un bourgeois de campagne qui vient de mourir, et il est là qui attend que je l'appelle pour offrir ses respects.

LE CHEVALIER. – Vous n'avez peut-être pas eu l'imprudence de lui dire qui j'étais ?

FRONTIN. – Ah ! Monsieur, mettez-vous l'esprit en repos, je sais garder un secret *(bas)*, pourvu qu'il ne m'échappe pas… Souhaitez-vous que mon ami s'approche ?

LE CHEVALIER. – Je le veux bien, mais partez sur-le-champ pour Paris.

FRONTIN. – Je n'attends que vos dépêches.

LE CHEVALIER. – Je ne trouve point à propos de vous en donner, vous pourriez les perdre. Ma sœur, à qui je les adresserais pourrait les égarer aussi, et il n'est pas besoin que mon aventure soit sue de tout le monde. Voici votre commission, écoutez-moi : Vous direz à ma sœur qu'elle ne soit point en peine de moi ; qu'à la dernière partie de bal où mes amies m'amenèrent dans le déguisement où me voilà, le hasard me fit connaître le gentilhomme que je n'avais jamais vu, qu'on disait être encore en province, et qui est ce Lélio avec qui, par lettres, le mari de ma sœur a presque arrêté mon mariage ; que, surprise de le trouver à Paris sans que nous le sussions, et le voyant avec une dame, je résolus sur-le-champ de profiter de mon déguisement pour me mettre au fait de l'état de son cœur et de son caractère ; qu'enfin nous liâmes amitié ensemble aussi promptement que des cavaliers peuvent le faire, et qu'il m'engagea à le suivre le lendemain à une partie de campagne chez la dame avec qui il était, et qu'un de ses parents accompagnait ; que nous y sommes actuellement, que j'ai déjà découvert des choses qui méritent que je les suive avant que de me déterminer à épouser Lélio ; que je n'aurai jamais d'intérêt plus sérieux. Partez, ne perdez point de temps ; faites venir ce domestique que vous avez arrêté ; dans un instant j'irai voir si vous êtes parti.

Scène III

LE CHEVALIER *(seul)*

LE CHEVALIER. – Je regarde le moment où j'ai connu Lélio comme une faveur du Ciel, dont je veux profiter, puisque je suis ma maîtresse, et que je ne dépends plus de personne. L'aventure où je me suis mise ne surprendra point ma sœur ; elle sait la singularité de mes sentiments. J'ai du bien ; il s'agit de le donner avec ma main et mon cœur ; ce sont de grands présents, et je veux savoir à qui je les donne.

Scène IV

LE CHEVALIER, TRIVELIN, FRONTIN

FRONTIN *(au chevalier)*. – Le voilà, Monsieur. *(Bas à Trivelin).* Garde-moi le secret.

TRIVELIN. – Je te le rendrai mot pour mot comme tu me l'as donné, quand tu voudras.

Scène V

LE CHEVALIER, TRIVELIN

LE CHEVALIER. – Approchez ; comment vous appelez-vous ?

TRIVELIN. – Comme vous voudrez, Monsieur ; Bourguignon, Champagne, Poitevin, Picard, tout cela m'est indifférent : le nom sous lequel j'aurais l'honneur de vous servir sera toujours le plus beau du monde.

LE CHEVALIER. – Sans compliment, quel est le tien, à toi ?

TRIVELIN. – Je vous avoue que je ferais quelque difficulté de le dire parce que dans ma famille je suis le premier du nom qui n'ait pas disposé de la couleur de son habit ; mais peut-on porter rien de plus galant* que vos couleurs ? Il me tarde d'en être chamarré sur toutes les coutures.

LE CHEVALIER *(à part)*. – Qu'est-ce que c'est que ce langage-là ? Il m'inquiète.

TRIVELIN. – Cependant, Monsieur, j'aurai l'honneur de vous dire que je m'appelle Trivelin. C'est un nom que j'ai reçu de père en fils très correctement, et dans la dernière fidélité, et de tous les Trivelins qui furent jamais, votre serviteur, en ce moment, s'estime le plus heureux de tous.

LE CHEVALIER. – Laissez-là vos politesses, un maître ne demande à son valet que l'attention dans ce à quoi il l'emploie.

TRIVELIN. – Son valet ! le terme est dur, il frappe mes oreilles d'un son disgracieux ; ne purgera-t-on jamais le discours de tous ces noms odieux ?

LE CHEVALIER. – La délicatesse est singulière !

TRIVELIN. – De grâce, ajustons-nous*, convenons d'une formule plus douce.

LE CHEVALIER *(à part)*. – Il se moque de moi. Vous riez, je pense.

TRIVELIN. – C'est la joie que j'ai d'être à vous, qui l'emporte sur la petite mortification que je viens d'essuyer.

LE CHEVALIER. – Je vous avertis, moi, que je vous renvoie, et que vous ne m'êtes bon à rien.

TRIVELIN. – Je ne vous suis bon à rien ! Ah ! ce que vous dites là ne peut pas être sérieux.

LE CHEVALIER *(à part)*. – Cet homme-là est un extravagant. *(À Trivelin.)* Retirez-vous.

TRIVELIN. – Non, vous m'avez piqué ; je ne vous quitterai point, que vous ne soyez convenu avec moi que je vous suis bon à quelque chose.

LE CHEVALIER. – Retirez-vous, vous dis-je.

TRIVELIN. – Où vous attendrai-je ?

LE CHEVALIER. – Nulle part.

TRIVELIN. – Ne badinons point, le temps se passe, et nous ne décidons rien.

LE CHEVALIER. – Savez-vous bien, mon ami, que vous risquez beaucoup ?

TRIVELIN. – Je n'ai pourtant qu'un écu à perdre.

LE CHEVALIER. – Ce coquin-là m'embarrasse. *(Il fait comme s'il s'en allait.)* Il faut que je m'en aille. *(À Trivelin.)* Tu me suis ?

TRIVELIN. – Vraiment oui, je soutiens mon caractère : ne vous ai-je pas dit que j'étais opiniâtre ?

LE CHEVALIER. – Insolent !

TRIVELIN. – Cruel !

LE CHEVALIER. – Comment, cruel !

TRIVELIN. – Oui, cruel, c'est un reproche tendre que je vous fais ; continuez, vous n'y êtes pas, j'en viendrai jusqu'aux soupirs, vos rigueurs me l'annoncent.

LE CHEVALIER. – Je ne sais plus que penser de tout ce qu'il me dit.

TRIVELIN. – Ah ! ah ! ah ! vous rêvez, mon cavalier, vous délibérez, votre ton baisse, vous devenez traitable, et nous nous accommoderons*, je le vois bien. La passion que j'ai de vous servir est sans quartier ; premièrement cela est dans mon sang, je ne saurais me corriger.

LE CHEVALIER *(mettant la main sur la garde de son épée)*. – Il me prend envie de te traiter comme tu le mérites.

TRIVELIN. – Fi ! ne gesticulez point de cette manière-là ; ce geste-là n'est point de votre compétence ; laissez là cette arme qui vous est étrangère, votre œil est plus redoutable que ce fer inutile qui vous pend au côté.

LE CHEVALIER. – Ah ! je suis trahie !

TRIVELIN. – Masque, venons au fait, je vous connais.

LE CHEVALIER. – Toi ?

TRIVELIN. – Oui ; Frontin vous connaissait pour nous deux.

LE CHEVALIER. – Le coquin ! Et t'a-t-il dit qui j'étais ?

TRIVELIN. – Il m'a dit que vous étiez une fille, et voilà tout ; et moi je l'ai cru, car je ne chicane sur la qualité de personne.

LE CHEVALIER. – Puisqu'il m'a trahie, il vaut autant que je t'instruise du reste.

TRIVELIN. – Voyons, pourquoi êtes-vous dans cet équipage-là ?

LE CHEVALIER. – Ce n'est point pour faire du mal.

TRIVELIN. – Je le crois bien ; si c'était pour cela, vous ne déguiseriez pas votre sexe, ce serait perdre vos commodités.

LE CHEVALIER *(à part)*. – Il faut le tromper. *(À Trivelin.)* Je t'avoue que j'avais envie de te cacher la vérité, parce que mon déguisement regarde une dame de condition, ma maîtresse, qui a des vues sur un Monsieur Lélio, que tu verras, et qu'elle voudrait détacher d'une inclination qu'il a pour une comtesse à qui appartient ce château.

TRIVELIN. – Eh ! quelle espèce de commission vous donne-t-elle auprès de ce Lélio ? L'emploi me paraît gaillard*, soubrette de mon âme.

LE CHEVALIER. – Point du tout. Ma charge, sous cet habit-ci, est d'attaquer le cœur de la comtesse ; je puis passer, comme tu vois, pour un assez joli cavalier, et j'ai déjà vu les yeux de la comtesse s'arrêter plus d'une fois sur moi ; si elle vient à m'aimer, je la ferai rompre avec Lélio, il reviendra à Paris, on lui proposera ma maîtresse qui y est, elle est aimable, il la connaît, et les noces seront bientôt faites.

TRIVELIN. – Parlons à présent à rez-de-chaussée* : as-tu le cœur libre ?

LE CHEVALIER. – Oui.

TRIVELIN. – Et moi aussi. Ainsi, de compte arrêté, cela fait deux cœurs libres, n'est-ce pas ?

LE CHEVALIER. – Sans doute.

TRIVELIN. – *Ergo*, je conclus que nos deux cœurs soient désormais camarades.

LE CHEVALIER. – Bon.

TRIVELIN. – Et je conclus encore, toujours aussi judicieusement, que deux amis devant s'obliger en tout ce qu'ils peuvent, tu m'avances deux mois de récompense sur l'exacte discrétion que je promets d'avoir. Je ne parle point du service domestique que je te rendrai ; sur cet article, c'est à l'amour à me payer mes gages.

LE CHEVALIER *(lui donnant de l'argent)*. – Tiens, voilà déjà six louis d'or d'avance pour ta discrétion, et en voilà déjà trois pour tes services.

TRIVELIN *(d'un air indifférent)*. – J'ai assez de cœur pour refuser ces trois derniers louis-là, mais donne, la main qui me les présente étourdit ma générosité*.

LE CHEVALIER. – Voici Monsieur Lélio ; retire-toi, et va-t'en m'attendre à la porte de ce château où nous logeons.

TRIVELIN. – Souviens-toi, ma friponne, à ton tour, que je suis ton valet sur la scène, et ton amant* dans les coulisses ; tu me donneras des ordres en public, et des sentiments dans le tête-à-tête.

Il se retire en arrière, quand Lélio entre avec Arlequin. Les valets se rencontrant se saluent.

Scène VI

LÉLIO, LE CHEVALIER, ARLEQUIN, TRIVELIN *(derrière leurs maîtres)*

Lélio vient d'un air rêveur.

LE CHEVALIER. – Le voilà plongé dans une grande rêverie.

ARLEQUIN *(à Trivelin derrière eux).* – Vous m'avez l'air d'un bon vivant.

TRIVELIN. – Mon air ne vous ment pas d'un mot, et vous êtes fort bon physionomiste.

LÉLIO *(se retournant vers Arlequin, et apercevant le chevalier).* – Arlequin… Ah ! Chevalier, je vous cherchais.

LE CHEVALIER. – Qu'avez-vous, Lélio ? Je vous vois enveloppé dans une distraction qui m'inquiète.

LÉLIO. – Je vous dirai ce que c'est. *(À Arlequin.)* Arlequin, n'oublie pas d'avertir les musiciens de se rendre ici tantôt.

ARLEQUIN. – Oui, Monsieur. *(À Trivelin.)* Allons boire pour faire aller notre amitié plus vite.

TRIVELIN. – Allons, la recette est bonne, j'aime assez votre manière de hâter le cœur.

Scène VII

LÉLIO, LE CHEVALIER

LE CHEVALIER. – Eh bien, mon cher, de quoi s'agit-il ? Qu'avez-vous ? Puis-je vous être utile à quelque chose ?

LÉLIO. – Très utile.

LE CHEVALIER. – Parlez.

LÉLIO. – Êtes-vous mon ami ?

LE CHEVALIER. – Vous méritez que je vous dise non, puisque vous me faites cette question-là.

LÉLIO. – Ne te fâche point, Chevalier, ta vivacité m'oblige ; mais passe-moi cette question-là, j'en ai encore une à te faire.

LE CHEVALIER. – Voyons.

LÉLIO. – Es-tu scrupuleux ?

LE CHEVALIER. – Je le suis raisonnablement.

LÉLIO. – Voilà ce qu'il me faut ; tu n'as pas un honneur mal entendu sur une infinité de bagatelles qui arrêtent les sots.

LE CHEVALIER *(à part)*. – Fi ! voilà un vilain début.

LÉLIO. – Par exemple, un amant* qui dupe sa maîtresse* pour se débarrasser d'elle en est-il moins honnête homme, à ton gré ?

LE CHEVALIER. – Quoi ! il ne s'agit que de tromper une femme ?

LÉLIO. – Non, vraiment.

LE CHEVALIER. – De lui faire une perfidie ?

LÉLIO. – Rien que cela.

LE CHEVALIER. – Je croyais pour le moins que tu voulais mettre le feu à une ville. Eh ! comment donc ! trahir une femme, c'est avoir une action glorieuse pardevers soi.

LÉLIO *(gai)*. – Oh ! parbleu, puisque tu le prends sur ce ton-là, je te dirai que je n'ai rien à me reprocher ; et, sans vanité, tu vois un homme couvert de gloire.

LE CHEVALIER *(étonné et comme charmé)*. – Toi, mon ami ? Ah ! je te prie, donne-moi le plaisir de te regarder à mon aise, laisse-moi contempler un homme chargé de crimes si honorables ! Ah ! petit traître, vous êtes bien heureux d'avoir de si brillantes indignités sur votre compte.

LÉLIO *(riant)*. – Tu me charmes de penser ainsi ; viens que je t'embrasse. Ma foi, à ton tour, tu m'as tout l'air d'avoir été l'écueil de bien des cœurs. Fripon, combien de réputations as-tu blessées à mort dans ta vie, combien as-tu désespéré d'Arianes, dis ?

LE CHEVALIER. – Hélas ! tu te trompes, je ne connais point d'aventures plus communes que les miennes ; j'ai toujours eu le malheur de ne trouver que des femmes très sages.

LÉLIO. – Tu n'as trouvé que des femmes très sages ? Où diantre t'es-tu donc fourré ? Tu as fait là des découvertes bien singulières ! Après cela, qu'est-ce que ces femmes-là gagnent à être si sages ? Il n'en est ni plus ni moins. Sommes-nous heureux, nous le disons, ne le sommes-nous pas, nous mentons ; cela revient au même pour elles. Quant à moi, j'ai toujours dit plus de vérités que de mensonges.

LE CHEVALIER. – Tu traites ces matières-là avec une légèreté qui m'enchante.

LÉLIO. – Revenons à mes affaires. Quelque jour je te dirai de mes espiègleries* qui te feront rire. Tu es un cadet de maison*, et par conséquent tu n'es pas extrêmement riche.

LE CHEVALIER. – C'est raisonner juste.

LÉLIO. – Tu es beau et bien fait ; devine à quel dessein je t'ai engagé à nous suivre avec tous tes agréments ? C'est pour te prier de vouloir bien faire ta fortune.

LE CHEVALIER. – J'exauce ta prière. À présent, dis-moi la fortune que je vais faire.

LÉLIO. – Il s'agit de te faire aimer de la comtesse, et d'arriver à la conquête de sa main par celle de son cœur.

LE CHEVALIER. – Tu badines : ne sais-je pas que tu l'aimes, la comtesse ?

LÉLIO. – Non, je l'aimais ces jours passés, mais j'ai trouvé à propos de ne plus l'aimer.

LE CHEVALIER. – Quoi ! lorsque tu es pris de l'amour, et que tu n'en veux plus, il s'en retourne comme cela sans plus de façon ? Tu lui dis : Va-t'en, et il s'en va ! Mais, mon ami, tu as un cœur impayable !

LÉLIO. – En fait d'amour, j'en fais assez ce que je veux. J'aimais la comtesse, parce qu'elle est aimable ; je devais l'épouser, parce qu'elle est riche, et que je n'avais rien de mieux à faire ; mais dernièrement, pendant que j'étais à ma terre, on m'a proposé en mariage une demoiselle de Paris que je ne connais point, et qui me donne douze mille livres* de rente ; la comtesse n'en a que six. J'ai donc calculé que six valaient moins que douze. Oh ! l'amour que j'avais pour elle pouvait-il honnêtement tenir bon contre un calcul si raisonnable ? Cela aurait été ridicule, six doivent reculer devant douze, n'est-il pas vrai ? Tu ne me réponds rien.

LE CHEVALIER. – Eh ! que diantre veux-tu que je réponde à une règle d'arithmétique ? Il n'y a qu'à savoir compter pour voir que tu as raison.

LÉLIO. – C'est cela même.

LE CHEVALIER. – Mais qu'est-ce qui t'embarrasse là-dedans ? Faut-il tant de cérémonie pour quitter la comtesse ? Il s'agit d'être infidèle, d'aller la trouver, de lui porter ton calcul, de lui dire : Madame, comptez vous-même, voyez si je me trompe. Voilà tout. Peut-être qu'elle pleurera, qu'elle maudira l'arithmétique, qu'elle te traitera d'indigne, de perfide ; cela pourrait arrêter un poltron, mais un brave homme comme toi, au-dessus des bagatelles de l'honneur, ce bruit-là l'amuse, il l'écoute, s'excuse négligemment, et se retire en faisant une révérence très profonde, en cavalier poli, qui sait avec quel respect il doit recevoir, en pareil cas, les titres de fourbe et d'ingrat.

LÉLIO. – Oh ! parbleu ! de ces titres-là, j'en suis fourni, et je sais faire la révérence. Madame la comtesse aurait déjà reçu la mienne, s'il ne tenait plus qu'à cette politesse-là ; mais il y a une petite épine qui m'arrête ; c'est que, pour achever l'achat que j'ai fait d'une nouvelle terre il y a quelque temps, Madame la comtesse m'a prêté dix mille écus, dont elle a mon billet.

LE CHEVALIER. – Ah ! tu as raison, c'est une autre affaire. Je ne sache point de révérence qui puisse acquitter ce billet-là ; le titre de débiteur est bien sérieux, vois-tu ! celui d'infidèle n'expose qu'à des reproches, l'autre à des assignations* ; cela est différent, et je n'ai point de recette pour ton mal.

LÉLIO. – Patience ! Madame la comtesse croit qu'elle va m'épouser ; elle n'attend plus que l'arrivée de son frère ; et outre la somme de dix mille écus* dont elle a mon billet, nous avons encore fait, antérieurement à cela, un dédit entre elle et moi de la même somme. Si c'est moi qui romps avec elle, je lui devrai le billet et le dédit, et je voudrais bien ne payer ni l'un ni l'autre, m'entends-tu ?

LE CHEVALIER *(à part)*. – Ah ! l'honnête homme ! *(Haut.)* Oui, je commence à te comprendre. Voici ce que c'est : si je donne de l'amour à la comtesse, tu crois qu'elle aimera mieux payer le dédit, en te rendant ton billet de dix mille écus, que de t'épouser ; de façon que tu gagneras dix mille écus avec elle ; n'est-ce pas cela ?

LÉLIO. – Tu entres, on ne peut pas mieux, dans mes idées.

LE CHEVALIER. – Elles sont très ingénieuses, très lucratives, et dignes de couronner ce que tu appelles tes espiègleries. En effet, l'honneur que tu as fait à la comtesse, en soupirant pour elle, vaut dix mille écus comme un sou.

LÉLIO. – Elle n'en donnerait pas cela, si je m'en fiais à son estimation.

LE CHEVALIER. – Mais crois-tu que je puisse surprendre le cœur de la comtesse ?

LÉLIO. – Je n'en doute pas.

LE CHEVALIER *(à part)*. – Je n'ai pas lieu d'en douter non plus.

LÉLIO. – Je me suis aperçu qu'elle aime ta compagnie ; elle te loue souvent, te trouve de l'esprit ; il n'y a qu'à suivre cela.

LE CHEVALIER. – Je n'ai pas une grande vocation pour ce mariage-là.

LÉLIO. – Pourquoi ?

LE CHEVALIER. – Par mille raisons... parce que je ne pourrai jamais avoir de l'amour pour la comtesse, si elle ne voulait que de l'amitié, je serais à son service, mais n'importe.

LÉLIO. – Eh ! qui est-ce qui te prie d'avoir de l'amour pour elle ? Est-il besoin d'aimer sa femme ? Si tu ne l'aimes pas, tant pis pour elle, ce sont ses affaires, et non pas les tiennes.

LE CHEVALIER. – Bon ! mais je croyais qu'il fallait aimer sa femme, fondé sur ce qu'on vivait mal avec elle quand on ne l'aimait pas.

LÉLIO. – Eh ! tant mieux, quand on vit mal avec elle, cela vous dispense de la voir, c'est autant de gagné.

LE CHEVALIER. – Voilà qui est fait, me voilà prêt à exécuter ce que tu souhaites. Si j'épouse la comtesse, j'irai me fortifier avec le brave Lélio dans le dédain qu'on doit à son épouse.

LÉLIO. – Je t'en donnerai un vigoureux exemple, je t'en assure : crois-tu, par exemple, que j'aimerai la demoiselle de Paris, moi ? Une quinzaine de jours tout au plus, après quoi, je crois que j'en serai bien las.

LE CHEVALIER. – Eh ! donne-lui le mois tout entier à cette pauvre femme, à cause de ses douze mille livres de rente.

LÉLIO. – Tant que le cœur m'en dira.

LE CHEVALIER. – T'a-t-on dit qu'elle fût jolie ?

LÉLIO. – On m'écrit qu'elle est belle ; mais, de l'humeur dont je suis, cela ne l'avance pas de beaucoup. Si elle n'est pas laide, elle le deviendra, puisqu'elle sera ma femme ; cela ne peut pas lui manquer.

LE CHEVALIER. – Mais, dis-moi, une femme se dépite quelquefois.

LÉLIO. – En ce cas-là, j'ai une terre écartée qui est le plus beau désert du monde, où Madame irait calmer son esprit de vengeance.

LE CHEVALIER. – Oh ! dès que tu as un désert*, à la bonne heure, voilà son affaire. Diantre ! l'âme se tranquillise beaucoup dans une solitude, on y jouit d'une certaine mélancolie, d'une douce tristesse, d'un repos de toutes les couleurs ; elle n'aura qu'à choisir.

LÉLIO. – Elle sera la maîtresse.

LE CHEVALIER. – L'heureux tempérament ! Mais j'aperçois la comtesse. Je te recommande une chose : feins toujours de l'aimer. Si tu te montrais inconstant, cela intéresserait sa vanité, elle courrait après toi, et me laisserait là.

LÉLIO. – Je me gouvernerai bien ; je vais au-devant d'elle.

Il va au-devant de la comtesse qui ne paraît pas encore et pendant qu'il y va.

Scène VIII

LE CHEVALIER

LE CHEVALIER *(dit)*. – Si j'avais épousé le seigneur Lélio, je serais tombée en de bonnes mains. Donner douze mille livres de rente pour acheter le séjour d'un désert ! Oh ! vous êtes trop cher, Monsieur Lélio, et j'aurai mieux que cela au même prix. Mais puisque je suis en train, continuons pour me divertir et punir ce fourbe-là, et pour en débarrasser la comtesse.

Scène IX

LA COMTESSE, LÉLIO, LE CHEVALIER

LÉLIO *(à la comtesse, en entrant)*. – J'attendais nos musiciens, Madame, et je cours les presser moi-même. Je vous laisse avec le chevalier ; il veut nous quitter ; son séjour ici l'embarrasse, je crois qu'il vous craint ; cela est de bon sens, et je ne m'en inquiète point, je vous connais ; mais il est mon ami, notre amitié doit durer plus d'un jour, et il faut bien qu'il se fasse au danger de vous voir ; je vous prie de le rendre plus raisonnable. Je reviens dans l'instant.

Scène X

LA COMTESSE, LE CHEVALIER

LA COMTESSE. – Quoi ! Chevalier, vous prenez de pareils prétextes pour nous quitter ? Si vous nous disiez les véritables raisons qui pressent votre retour à Paris, on ne vous retiendrait peut-être pas.

LE CHEVALIER. – Mes véritables raisons, Comtesse, ma foi Lélio vous les a dites.

LA COMTESSE. – Comment ! Que vous vous défiez de votre cœur auprès de moi ?

LE CHEVALIER. – Moi, m'en défier ! je m'y prendrais un peu tard ; est-ce que vous m'en avez donné le temps ? Non, Madame, le mal est fait, il ne s'agit plus que d'en arrêter le progrès.

LA COMTESSE *(riant)*. – En vérité, Chevalier, vous êtes bien à plaindre, et je ne savais pas que j'étais si dangereuse.

LE CHEVALIER. – Oh ! que si ; je ne vous dis rien là dont tous les jours votre miroir ne vous accuse d'être capable ; il doit vous avoir dit que vous aviez des yeux qui violeraient l'hospitalité avec moi, si vous m'ameniez ici.

LA COMTESSE. – Mon miroir ne me flatte pas, Chevalier.

LE CHEVALIER. – Parbleu ! je l'en défie ; il ne vous prêtera jamais rien, la nature y a mis bon ordre, et c'est elle qui vous a flattée.

LA COMTESSE. – Je ne vois point que ce soit avec tant d'excès.

LE CHEVALIER. – Comtesse, vous m'obligeriez beaucoup de me donner votre façon de voir ; car avec la mienne, il n'y a pas moyen de vous rendre justice.

LA COMTESSE *(riant)*. – Vous êtes bien galant.

LE CHEVALIER. – Ah ! je suis mieux que cela, ce ne serait là qu'une bagatelle.

LA COMTESSE. – Cependant ne vous gênez point, Chevalier : quelque inclination, sans doute, vous rappelle à Paris, et vous vous ennuieriez avec nous.

LE CHEVALIER. – Non, je n'ai point d'inclination à Paris, si vous n'y venez pas. *(Il lui prend la main.)* À l'égard de l'ennui, si vous saviez l'art de m'en donner auprès de vous, ne me l'épargnez pas, Comtesse, c'est un vrai présent que vous me ferez, ce sera même une bonté ; mais cela vous passe, et vous ne donnez que de l'amour : voilà tout ce que vous savez faire.

LA COMTESSE. – Je le fais assez mal.

Scène XI

LA COMTESSE, LE CHEVALIER, LÉLIO, ETC.

LÉLIO. – Nous ne pouvons avoir notre divertissement que tantôt, Madame ; mais en revanche, voici une noce de village, dont tous les acteurs viennent pour vous divertir. *(Au chevalier.)* Ton valet et le mien sont à la tête, et mènent le branle*.

Divertissement

LE CHANTEUR.

Chantons tous l'agriable emplette
Que Lucas a fait de Colette.
Qu'il est heureux, ce garçon-là !
J'aimerais bien le mariage,
Sans un petit défaut qu'il a :
Par lui la fille la plus sage,
Zeste, vous vient entre les bras.
Et boute, et gare, allons courage :
Rien n'est si biau que le tracas
Des fins premiers jours du ménage.
Mais, morgué ! ça ne dure pas,
Le cœur vous faille, et c'est dommage.

UN PAYSAN.

Que dis-tu, gente Mathurine,
Que cette noce que tu vois ?
T'agace-t-elle un peu pour moi ?
Il me semble voir à ta mine
Que tu sens un je ne sais quoi.
L'ami Lucas et la cousine
Riront tant qu'ils pourront tous deux,
En se gaussant des médiseux ;
Dis la vérité, Mathurine,
Ne ferais-tu pas bien comme eux ?

MATHURINE.

Voyez le biau discours à faire,
De demander en pareil cas :
Que fais-tu ? Que ne fais-tu pas ?
Eh ! Colin, sans tant de mystère,
Marions-nous ; tu le sauras.
À présent si j'étais sincère,
Je vais souvent dans le vallon,
Tu m'y suivrais, malin garçon :
On n'y trouve point de notaire,
Mais on y trouve du gazon.

On danse.

BRANLE*

Qu'on dise tout ce qu'on voudra,
Tout ci, tout ça !
Je veux tâter du mariage.
En arrive ce qui pourra,
Tout ci, tout ça !
Par la sangué ! j'ons bon courage.
Ce courage, dit-on, s'en va,
Tout ci, tout ça !
Morguenne ! il nous faut voir cela.
Ma Claudine un jour me conta
Tout ci, tout ça !
Que sa mère en courroux contre elle
Lui défendait qu'elle m'aimât,
Tout ci, tout ça !
Mais aussitôt, me dit la belle :
Entrons dans ce bocage-là,
Tout ci, tout ça !
Nous verrons ce qu'il en sera.
Quand elle y fut, elle chanta
Tout ci, tout ça !
Berger, dis-moi que ton cœur m'aime ;
Et le mien aussi te dira
Tout ci, tout ça !

Combien son amour est extrême.
Après, elle me regarda,
Tout ci, tout ça !
D'un doux regard qui m'acheva.
Mon cœur, à son tour, lui chanta,
Tout ci, tout ça !
Une chanson qui fut si tendre,
Que cent fois elle soupira,
Tout ci, tout ça !
Du plaisir qu'elle eut de m'entendre ;
Ma chanson tant recommença,
Tout ci, tout ça !
Tant qu'enfin la voix me manqua.

ACTE II

Scène I

TRIVELIN *(seul)*

TRIVELIN. – Me voici comme de moitié dans une intrigue assez douce, et d'un assez bon rapport, car il m'en revient déjà de l'argent et une maîtresse ; ce beau commencement-là promet encore une plus belle fin. Or, moi qui suis un habile homme, est-il naturel que je reste ici les bras croisés ? ne ferai-je rien qui hâte le succès du projet de ma chère suivante ? Si je disais au seigneur Lélio que le cœur de la comtesse commence à capituler pour le chevalier, il se dépiterait plus vite, et partirait pour Paris où on l'attend. Je lui ai déjà témoigné que je souhaiterais avoir l'honneur de lui parler ; mais le voilà qui s'entretient avec la comtesse ; attendons qu'il ait fait avec elle.

Scène II

LÉLIO, LA COMTESSE

Ils entrent tous deux comme continuant de se parler.

LA COMTESSE. – Non, Monsieur, je ne vous comprends point. Vous liez amitié avec le chevalier, vous me l'amenez, et vous voulez ensuite que je lui fasse mauvaise mine : qu'est-ce que c'est que cette idée-là ? Vous m'avez dit vous-même que c'était un homme aimable, amusant, et effectivement j'ai jugé que vous aviez raison.

LÉLIO *(répétant un mot)*. – Effectivement ! Cela est donc bien effectif ? eh bien, je ne sais que vous dire ; mais voilà un *effectivement* qui ne devrait pas se trouver là, par exemple.

LA COMTESSE. – Par malheur, il s'y trouve.

LÉLIO. – Vous me raillez, Madame.

LA COMTESSE. – Voulez-vous que je respecte votre antipathie pour *effectivement* ? Est-ce qu'il n'est pas bon français, l'a-t-on proscrit de la langue ?

LÉLIO. – Non, Madame ; mais il marque que vous êtes un peu trop persuadée du mérite du chevalier.

LA COMTESSE. – Il marque cela ? Oh ! il a tort, et le procès que vous lui faites est raisonnable, mais vous m'avouerez qu'il n'y a pas de mal à sentir suffisamment le mérite d'un homme, quand le mérite est réel ; et c'est comme j'en use avec le chevalier.

LÉLIO. – Tenez, *sentir* est encore une expression qui ne vaut pas mieux, *sentir* est trop, c'est *connaître* qu'il faudrait dire.

LA COMTESSE. – Je suis d'avis de ne dire plus mot, et d'attendre que vous m'ayez donné la liste des termes sans reproches que je dois employer, je crois que c'est le plus court ; il n'y a que ce moyen-là qui puisse me mettre en état de m'entretenir avec vous.

LÉLIO. – Eh ! Madame, faites grâce à mon amour.

LA COMTESSE. – Supportez donc mon ignorance ; je ne savais pas la différence qu'il y avait entre *connaître* et *sentir*.

LÉLIO. – *Sentir*, Madame, c'est le style du cœur, et ce n'est pas dans ce style-là que vous devez parler du chevalier.

LA COMTESSE. – Écoutez, le vôtre ne m'amuse point, il est froid, il me glace, et, si vous voulez même, il me rebute.

LÉLIO *(à part)*. – Bon ! je retirerai mon billet.

LA COMTESSE. – Quittons-nous, croyez-moi ; je parle mal, vous ne me répondez pas mieux, cela ne fait pas une conversation amusante.

LÉLIO. – Allez-vous rejoindre le chevalier ?

LA COMTESSE. – Lélio, pour prix des leçons que vous venez de me donner, je vous avertis, moi, qu'il y a des moments où vous feriez bien de ne pas vous montrer, entendez-vous ?

LÉLIO. – Vous me trouvez donc bien insupportable ?

LA COMTESSE. – Épargnez-vous ma réponse ; vous auriez à vous plaindre de la valeur de mes termes, je le sens bien.

LÉLIO. – Et moi, je sens que vous vous retenez ; vous me diriez de bon cœur que vous me haïssez.

LA COMTESSE. – Non, mais je vous le dirai bientôt, si cela continue, et cela continuera sans doute.

LÉLIO. – Il semble que vous le souhaitez.

LA COMTESSE. – Hum ! vous ne feriez pas languir mes souhaits.

LÉLIO *(d'un air fâché et vif)*. – Vous me désolez, Madame.

LA COMTESSE. – Je me retiens, Monsieur, je me retiens.

Elle veut s'en aller.

LÉLIO. – Arrêtez, Comtesse ; vous m'avez fait l'honneur d'accorder quelque retour à ma tendresse.

LA COMTESSE. – Ah ! le beau détail où vous entrez là !

LÉLIO. – Le dédit même qui est entre nous…

LA COMTESSE *(fâchée)*. – Eh bien, ce dédit vous chagrine ? il n'y a qu'à le rompre. Que ne me disiez-vous cela sur-le-champ ? Il y a une heure que vous biaisez pour arriver là.

LÉLIO. – Le rompre ! J'aimerais mieux mourir ; ne m'assure-t-il pas votre main ?

LA COMTESSE. – Et qu'est-ce que c'est que ma main sans mon cœur ?

LÉLIO. – J'espère avoir l'un et l'autre.

LA COMTESSE. – Pourquoi me déplaisez-vous donc ?

LÉLIO. – En quoi donc ai-je pu vous déplaire ? Vous auriez de la peine à le dire vous-même.

LA COMTESSE. – Vous êtes jaloux, premièrement.

LÉLIO. – Eh ! morbleu ! Madame, quand on aime…

LA COMTESSE. – Ah ! quel emportement !

LÉLIO. – Peut-on s'empêcher d'être jaloux ? Autrefois vous me reprochiez que je ne l'étais pas assez, vous me trouviez trop tranquille ; me voici inquiet, et je vous déplais.

LA COMTESSE. – Achevez, Monsieur, concluez que je suis une capricieuse, voilà ce que vous voulez dire, je vous entends bien ; le compliment que vous me faites est digne de l'entretien dont vous me régalez depuis une heure ; et après cela vous me demanderez en quoi vous me déplaisez ! Ah ! l'étrange caractère !

LÉLIO. – Mais, je ne vous appelle pas capricieuse, Madame ; je dis seulement que vous vouliez que je fusse jaloux ; aujourd'hui je le suis, pourquoi le trouvez-vous mauvais ?

LA COMTESSE. – Eh bien, vous direz encore que vous ne m'appelez pas fantasque* !

LÉLIO. – De grâce, répondez.

LA COMTESSE. – Non, Monsieur, on n'a jamais dit à une femme ce que vous me dites là, et je n'ai vu que vous dans la vie qui m'ayez trouvée si ridicule.

LÉLIO *(regardant autour de lui)*. – Je chercherais volontiers à qui vous parlez, Madame, car ce discours-là ne peut pas s'adresser à moi.

LA COMTESSE. – Fort bien, me voilà devenue visionnaire* à présent ; continuez, Monsieur, continuez ; vous ne voulez pas rompre le dédit ; cependant c'est moi qui ne veux plus, n'est-il pas vrai ?

LÉLIO. – Que d'industrie* pour vous sauver d'une question fort simple, à laquelle vous ne pouvez répondre !

LA COMTESSE. – Oh ! je n'y saurais tenir ; capricieuse, ridicule, visionnaire et de mauvaise foi, le portrait est flatteur ! Je ne vous connaissais pas, Monsieur Lélio, je ne vous connaissais pas ; vous m'avez trompée ; je vous passerais* de la jalousie ; je ne parle pas de la vôtre, elle n'est pas supportable, c'est une jalousie terrible, odieuse, qui vient du fond du tempérament, du vice de votre esprit ; ce n'est pas délicatesse chez vous ; c'est mauvaise humeur naturelle, c'est précisément caractère ; oh ! ce n'est pas là la jalousie que je vous demandais, je voulais une inquiétude douce, qui a sa source dans un cœur timide et bien touché, et qui n'est qu'une louable méfiance de soi-même ; avec cette jalousie-là, Monsieur, on ne dit point d'invectives aux personnes que l'on aime : on ne les trouve ni ridicules, ni fourbes, ni fantasques ; on craint seulement de n'être pas toujours aimé, parce qu'on ne croit pas être digne de l'être. Mais cela vous passe*, ces sentiments-là ne sont pas du ressort d'une âme comme la vôtre ; chez vous, c'est des emportements, des fureurs, ou pur artifice ; vous soupçonnez injurieusement, vous manquez d'estime, de respect, de soumission ; vous vous appuyez sur un dédit, vous fondez vos droits sur des raisons de contrainte. Un dédit, Monsieur Lélio, des soupçons ! Et vous appelez cela de l'amour ! C'est un amour à faire peur. Adieu.

LÉLIO. – Encore un mot. Vous êtes en colère, mais vous reviendrez, car vous m'estimez dans le fond.

LA COMTESSE. – Soit ; j'en estime tant d'autres ! Je ne regarde pas cela comme un grand mérite d'être estimable, on n'est que ce qu'on doit être.

LÉLIO. – Pour nous accommoder*, accordez-moi une grâce. Vous m'êtes chère, le chevalier vous aime ; ayez pour lui un peu plus de froideur, insinuez-lui qu'il nous laisse, qu'il s'en retourne à Paris.

LA COMTESSE. – Lui insinuer qu'il nous laisse, c'est-à-dire lui glisser tout doucement une impertinence qui me fera tout doucement passer dans son esprit pour une femme qui ne sait pas vivre ! Non, Monsieur, vous m'en dispenserez, s'il vous plaît. Toute la subtilité possible n'empêchera pas un compliment d'être ridicule, quand il l'est ; vous me le prouvez par le vôtre ; c'est un avis que je vous insinue tout doucement, pour vous donner un petit essai de ce que vous appelez manière insinuante.

Elle se retire.

Scène III

LÉLIO, TRIVELIN

LÉLIO *(un moment seul et en riant).* – Allons, allons, cela va très rondement ; j'épouserai les douze mille livres de rente ; mais voilà le valet du chevalier. *(À Trivelin.)* Il m'a paru tantôt que tu avais quelque chose à me dire.

TRIVELIN. – Oui, Monsieur, pardonnez à la liberté que je prends. L'équipage* où je suis ne prévient pas en ma faveur ; cependant, tel que vous me voyez, il y a là-dedans le cœur d'un honnête homme, avec une extrême inclination pour les honnêtes gens.

LÉLIO. – Je le crois.

TRIVELIN. – Moi-même, et je le dis avec un souvenir modeste, moi-même autrefois, j'ai été du nombre de ces honnêtes gens* ; mais vous savez, Monsieur, à combien d'accidents nous sommes sujets dans la vie ; le sort m'a joué ; il en a joué bien d'autres, l'histoire est remplie du récit de ses mauvais tours : princes, héros, il a tout malmené, et je me console de mes malheurs avec de tels confrères.

LÉLIO. – Tu m'obligerais de retrancher tes réflexions, et de venir au fait.

TRIVELIN. – Les infortunés sont un peu babillards, Monsieur, ils s'attendrissent aisément sur leurs aventures ; mais je coupe court, ce petit préambule me servira, s'il vous plaît, à m'attirer un peu d'estime, et donnera du poids à ce que je vais vous dire.

LÉLIO. – Soit.

TRIVELIN. – Vous savez que je fais la fonction de domestique auprès de Monsieur le chevalier.

LÉLIO. – Oui.

TRIVELIN. – Je ne demeurerai pas longtemps avec lui, Monsieur, son caractère donne trop de scandale au mien.

LÉLIO. – Eh ! que lui trouves-tu de mauvais ?

TRIVELIN. – Que vous êtes différent de lui ! À peine vous ai-je vu, vous ai-je entendu parler, que j'ai dit en moi-même : Ah ! quelle âme franche, que de netteté dans ce cœur-là !

LÉLIO. – Tu vas encore t'amuser à mon éloge, et tu ne finiras point.

TRIVELIN. – Monsieur, la vertu vaut bien une petite parenthèse en sa faveur.

LÉLIO. – Venons donc au reste à présent.

TRIVELIN. – De grâce, souffrez qu'auparavant nous convenions d'un petit article.

LÉLIO. – Parle.

TRIVELIN. – Je suis fier, mais je suis pauvre, qualités, comme vous jugez bien, très difficiles à accorder l'une avec l'autre, et qui pourtant ont la rage de se trouver presque toujours ensemble ; voilà ce qui me passe*.

LÉLIO. – Poursuis ; à quoi nous mènent ta fierté et ta pauvreté ?

TRIVELIN. – Elles nous mènent à un combat qui se passe entre elles : la fierté se défend d'abord à merveille, mais son ennemie est bien pressante ; bientôt la fierté plie, recule, fuit, et laisse le champ de bataille à la pauvreté qui ne rougit de rien, et qui sollicite en ce moment votre libéralité.

LÉLIO. – Je t'entends, tu me demandes quelque argent pour récompense de l'avis que tu vas me donner.

TRIVELIN. – Vous y êtes ; les âmes généreuses ont cela de bon, qu'elles devinent ce qu'il vous faut et vous épargnent la honte d'expliquer vos besoins : que cela est beau !

LÉLIO. – Je consens à ce que tu demandes, à une condition à mon tour : c'est que le secret que tu m'apprendras vaudra la peine d'être payé, et je serai de bonne foi là-dessus. Dis à présent.

TRIVELIN. – Pourquoi faut-il que la rareté de l'argent ait ruiné la générosité de vos pareils ? Quelle misère ! mais n'importe ; votre équité me rendra ce que votre économie me retranche, et je commence. Vous croyez le chevalier votre intime et fidèle ami, n'est-ce pas ?

LÉLIO. – Oui, sans doute.

TRIVELIN. – Erreur.

LÉLIO. – En quoi donc ?

TRIVELIN. – Vous croyez que la comtesse vous aime toujours ?

LÉLIO. – J'en suis persuadé.

TRIVELIN. – Erreur, trois fois erreur !

LÉLIO. – Comment ?

TRIVELIN. – Oui, Monsieur, vous n'avez ni ami ni maîtresse. Quel brigandage dans ce monde ! La comtesse ne vous aime plus, le chevalier vous a escamoté son cœur, il l'aime, il en est aimé, c'est un fait, je le sais, je l'ai vu, je vous en avertis ; faites-en votre profit et le mien.

LÉLIO. – Eh ! dis-moi, as-tu remarqué quelque chose qui te rende sûr de cela ?

TRIVELIN. – Monsieur, on peut se fier à mes observations. Tenez, je n'ai qu'à regarder une femme entre deux yeux, je vous dirai ce qu'elle sent et ce qu'elle sentira, le tout à une virgule près. Tout ce qui se passe dans son cœur s'écrit sur son visage, et j'ai tant étudié cette écriture-là, que je la lis tout aussi couramment que la mienne. Par exemple, tantôt, pendant que vous vous amusiez dans le jardin à cueillir des fleurs pour la comtesse, je raccommodais près d'elle une palissade*, et je voyais le chevalier, sautillant, rire et folâtrer avec elle. Que vous êtes badin ! lui disait-elle, en souriant négligemment à ses enjouements. Tout autre que moi n'aurait rien remarqué dans ce sourire-là ; c'était un chiffre* ;

savez-vous ce qu'il signifiait ? Que vous m'amusez agréablement, Chevalier, que vous êtes aimable dans vos façons ! Ne sentez-vous pas que vous me plaisez ?

LÉLIO. – Cela est bon, mais rapporte-moi quelque chose que je puisse expliquer, moi, qui ne suis pas si savant que toi.

TRIVELIN. – En voici qui ne demande nulle condition. Le chevalier continuait, lui volait quelques baisers, dont on se fâchait, et qu'on n'esquivait pas. Laissez-moi donc, disait-elle avec un visage indolent, qui ne faisait rien pour se tirer d'affaires, qui avait la paresse de rester exposé à l'injure ; mais en vérité vous n'y songez pas, ajoutait-elle ensuite. Et moi, tout en raccommodant ma palissade*, j'expliquai ce *vous n'y songez pas*, et ce *laissez-moi donc*, et je voyais que cela voulait dire : Courage, Chevalier, encore un baiser sur le même ton ; surprenez-moi toujours, afin de sauver les bienséances ; je ne dois consentir à rien ; mais si vous êtes adroit, je n'y saurais que faire, ce ne sera pas ma faute.

LÉLIO. – Oui-da, c'est quelque chose que des baisers.

TRIVELIN. – Voici le plus touchant. Ah ! la belle main ! s'écria-t-il ensuite, souffrez que je l'admire. Il n'est pas nécessaire. De grâce. Je ne veux point. Ce nonobstant, la main est prise, admirée, caressée ; cela va tout de suite. Arrêtez-vous. Point de nouvelles. Un coup d'éventail par là-dessus, coup galant qui signifie : Ne lâchez point ; l'éventail est saisi ; nouvelles pirateries sur la main qu'on tient ; l'autre vient à son secours ; autant de pris encore par l'ennemi : Mais je ne vous comprends point ; finissez donc. Vous en parlez bien à votre aise, Madame. Alors la comtesse de s'embarrasser, le chevalier de la regarder tendrement, elle de rougir ; lui de s'animer ; elle de se fâcher sans colère, lui de se jeter à ses genoux sans repentance, elle de pousser honteusement un demi-soupir, lui de riposter effrontément par un tout entier ; et puis vient du silence, et puis des regards qui sont bien tendres, et puis d'autres qui n'osent pas l'être, et puis... Qu'est-ce que cela signifie, Monsieur ? Vous le voyez bien, Madame. Levez-vous donc. Me pardonnez-vous ? Ah ! je ne sais. Le procès en était là quand vous êtes venu, mais je crois maintenant les parties d'accord : Qu'en dites-vous ?

LÉLIO. – Je dis que ta découverte commence à prendre forme.

TRIVELIN. – Commence à prendre forme ! Et jusqu'où prétendez-vous donc que je la conduise pour vous persuader ? Je désespère de la pousser jamais plus loin ; j'ai vu l'amour naissant ; quand il sera grand garçon, j'aurai beau l'attendre auprès de la palissade*, du diable s'il y vient badiner ; or, il grandira, au moins, s'il n'est déjà grandi, car il m'a paru aller bon train, le gaillard.

LÉLIO. – Fort bon train, ma foi.

TRIVELIN. – Que dites-vous de la comtesse ? Ne l'auriez-vous pas épousée sans moi ? Si vous aviez vu de quel air elle abandonnait sa main blanche au chevalier !...

LÉLIO. – En vérité, te paraissait-il qu'elle y prît goût ?

TRIVELIN. – Oui, Monsieur. *(À part.)* On dirait qu'il y en prend aussi, lui. *(À Lélio.)* Eh bien, trouvez-vous que mon avis mérite salaire ?

LÉLIO. – Sans difficulté. Tu es un coquin.

TRIVELIN. – Sans difficulté, tu es un coquin : voilà un prélude de reconnaissance bien bizarre !

LÉLIO. – Le chevalier te donnerait cent coups de bâton si je lui disais que tu le trahis. Oh ! ces coups de bâton que tu mérites, ma bonté te les épargne. Je ne dirai mot. Adieu, tu dois être content, te voilà payé.

Il s'en va.

Scène IV

TRIVELIN

TRIVELIN. – Je n'avais jamais vu de monnaie frappée à ce coin-là. Adieu, Monsieur, je suis votre serviteur, que le Ciel veuille vous combler des faveurs que je mérite ! De toutes les grimaces que m'a faites la fortune, voilà certes la plus comique ! Me payer en exemption de coups de bâton, c'est ce qu'on appelle faire argent de tout. Je n'y comprends rien : je lui dis que sa maîtresse le plante là ; il me demande si elle y prend goût. Est-ce que notre faux chevalier m'en ferait accroire ? Et seraient-ils tous deux meilleurs amis que je ne pense ?

Scène V

ARLEQUIN, TRIVELIN

TRIVELIN *(à part)*. – Interrogeons un peu Arlequin là-dessus. *(Haut.)* Ah ! te voilà ! où vas-tu ?

ARLEQUIN. – Voir s'il y a des lettres pour mon maître.

TRIVELIN. – Tu me parais occupé ; à quoi est-ce que tu rêves ?

ARLEQUIN. – À des louis d'or.

TRIVELIN. – Diantre ! tes réflexions sont de riche étoffe.

ARLEQUIN. – Et je te cherchais aussi pour te parler.

TRIVELIN. – Et que veux-tu de moi ?

ARLEQUIN. – T'entretenir de louis d'or.

TRIVELIN. – Encore des louis d'or ! Mais tu as une mine d'or dans ta tête.

ARLEQUIN. – Dis-moi, mon ami, où as-tu pris toutes ces pistoles* que je t'ai vu tantôt tirer de ta poche pour payer la bouteille de vin que nous avons bue au cabaret du bourg ? Je voudrais bien savoir le secret que tu as pour en faire.

TRIVELIN. – Mon ami, je ne pourrais guère te donner le secret d'en faire, je n'ai jamais possédé que le secret de les dépenser.

ARLEQUIN. – Oh ! j'ai aussi un secret qui est bon pour cela, moi ; je l'ai appris au cabaret en perfection.

TRIVELIN. – Oui-da, on fait son affaire avec du vin, quoique lentement ; mais en y joignant une pincée d'inclination pour le beau sexe, on réussit bien autrement.

ARLEQUIN. – Ah ! le beau sexe, on ne trouve point de cet ingrédient-là ici.

TRIVELIN. – Tu n'y demeureras pas toujours. Mais de grâce, instruis-moi d'une chose à ton tour : ton maître et Monsieur le chevalier s'aiment-ils beaucoup ?

ARLEQUIN. – Oui.

TRIVELIN. – Fi ! Se témoignent-ils de grands empressements, se font-ils beaucoup d'amitiés ?

ARLEQUIN. – Ils se disent : Comment te portes-tu ? À ton service. Et moi aussi. J'en suis bien aise ; après cela ils dînent et soupent ensemble ; et puis : Bonsoir ; je te souhaite une bonne nuit, et puis ils se couchent, et puis ils dorment, et puis le jour vient. Est-ce que tu veux qu'ils se disent des injures ?

TRIVELIN. – Non, mon ami ; c'est que j'avais quelque petite raison de te demander cela, par rapport à quelque aventure qui m'est arrivée ici.

ARLEQUIN. – Toi ?

TRIVELIN. – Oui, j'ai touché le cœur d'une aimable personne, et l'amitié de nos maîtres prolongera notre séjour ici.

ARLEQUIN. – Et où est-ce que cette rare personne-là habite avec son cœur ?

TRIVELIN. – Ici, te dis-je. Malepeste, c'est une affaire qui m'est de conséquence.

ARLEQUIN. – Quel plaisir ! Elle est jeune ?

TRIVELIN. – Je lui crois dix-neuf à vingt ans.

ARLEQUIN. – Ah ! le tendron ! Elle est jolie ?

TRIVELIN. – Jolie ! quelle maigre épithète ! Vous lui manquez de respect ; sachez qu'elle est charmante, adorable, digne de moi.

ARLEQUIN *(touché)*. – Ah ! m'amour ! friandise de mon âme !

TRIVELIN. – Et c'est de sa main mignonne que je tiens ces louis d'or dont tu parles, et que le don qu'elle m'en a fait me rend si précieux.

ARLEQUIN *(à ce mot, laisse aller ses bras)*. – Je n'en puis plus.

TRIVELIN *(à part)*. – Il me divertit ; je veux le pousser jusqu'à l'évanouissement. Ce n'est pas le tout, mon ami ; ses discours ont charmé mon cœur ; de la manière dont elle m'a peint, j'avais honte de me trouver si aimable. M'aimerez-vous ? me disait-elle ; puis-je compter sur votre cœur ?

ARLEQUIN *(transporté)*. – Oui, ma reine.

TRIVELIN. – À qui parles-tu ?

ARLEQUIN. – À elle ; j'ai cru qu'elle m'interrogeait.

TRIVELIN *(riant)*. – Ah ! ah ! ah ! Pendant qu'elle me parlait, ingénieuse à me prouver sa tendresse, elle fouillait dans sa poche pour en tirer cet or qui fait mes délices. Prenez, m'a-t-elle dit en me le glissant dans la main ; et comme poliment j'ouvrais ma main avec lenteur : prenez donc, s'est-elle écriée, ce n'est là qu'un échantillon du coffre-fort que je vous destine ; alors je me suis rendu ; car un échantillon ne se refuse point.

ARLEQUIN *(jette sa batte et sa ceinture à terre, et se jetant à genoux, il dit)*. – Ah ! mon ami, je tombe à tes pieds pour te supplier, en toute humilité, de me montrer seulement la face royale de cette incomparable fille, qui donne un cœur et des louis* d'or du Pérou avec ; peut-être me fera-t-elle aussi présent de quelque échantillon ; je ne veux que la voir, l'admirer, et puis mourir content.

TRIVELIN. – Cela ne se peut pas, mon enfant ; il ne faut pas régler tes espérances sur mes aventures ; vois-tu bien, entre le baudet et le cheval d'Espagne, il y a quelque différence.

ARLEQUIN. – Hélas ! je te regarde comme le premier cheval du monde.

TRIVELIN. – Tu abuses de mes comparaisons ; je te permets de m'estimer, Arlequin, mais ne me loue jamais.

ARLEQUIN. – Montre-moi donc cette fille…

TRIVELIN. – Cela ne se peut pas ; mais je t'aime, et tu te sentiras de ma bonne fortune : dès aujourd'hui je te fonde une bouteille de Bourgogne pour autant de jours que nous serons ici.

ARLEQUIN *(demi-pleurant)*. – Une bouteille par jour, cela fait trente bouteilles par mois ; pour me consoler dans ma douleur, donne-moi en argent la fondation du premier mois.

TRIVELIN. – Mon fils, je suis bien aise d'assister à chaque paiement.

ARLEQUIN *(en s'en allant et pleurant)*. – Je ne verrai donc point ma reine. Où êtes-vous donc, petit louis* d'or de mon âme ? Hélas ! je m'en vais vous chercher partout : Hi ! hi ! hi ! hi !... *(Et puis d'un ton net.)* Veux-tu aller boire le premier mois de fondation ?

TRIVELIN. – Voilà mon maître, je ne saurais ; mais va m'attendre.

Arlequin s'en va en recommençant.

ARLEQUIN. – Hi ! hi ! hi ! hi !

Scène VI

LE CHEVALIER, TRIVELIN

TRIVELIN *(un moment seul)*. – Je lui ai renversé l'esprit, ah ! ah ! ah ! ah ! Le pauvre garçon, il n'est pas digne d'être associé à notre intrigue.

Le chevalier vient.

TRIVELIN. – Ah ! vous voilà, Chevalier sans pareil. Eh bien, notre affaire va-t-elle bien ?

LE CHEVALIER *(comme en colère)*. – Fort bien, Mons* Trivelin ; mais je vous cherchais pour vous dire que vous ne valez rien.

TRIVELIN. – C'est bien peu de chose que rien : et vous me cherchiez tout exprès pour me dire cela ?

LE CHEVALIER. – En un mot, tu es un coquin.

TRIVELIN. – Vous voilà dans l'erreur de tout le monde.

LE CHEVALIER. – Un fourbe de qui je me vengerai.

TRIVELIN. – Mes vertus ont cela de malheureux, qu'elles n'ont jamais été connues de personne.

LE CHEVALIER. – Je voudrais bien savoir de quoi vous vous mêlez, d'aller dire à Monsieur Lélio que j'aime la comtesse ?

TRIVELIN. – Comment ! il vous a rapporté ce que je lui ai dit ?

LE CHEVALIER. – Sans doute.

TRIVELIN. – Vous me faites plaisir de m'en avertir ; pour payer mon avis, il avait promis de se taire ; il a parlé, la dette subsiste.

LE CHEVALIER. – Fort bien ! c'était donc pour tirer de l'argent de lui, Monsieur le faquin ?

TRIVELIN. – Monsieur le faquin ! Retranchez ces petits agréments-là de votre discours, ce sont des fleurs de rhétorique qui m'entêtent ; je voulais avoir de l'argent, cela est vrai.

LE CHEVALIER. – Eh ! ne t'en avais-je pas donné ?

TRIVELIN. – Ne l'avais-je pas pris de bonne grâce ? De quoi vous plaignez-vous, votre argent est-il insociable ? Ne pouvait-il pas s'accommoder avec celui de Monsieur Lélio ?

LE CHEVALIER. – Prends-y garde ; si tu retombes encore dans la moindre impertinence, j'ai une maîtresse qui aura soin de toi, je t'en assure.

TRIVELIN. – Arrêtez, ma discrétion s'affaiblit, je l'avoue, je la sens infirme, il sera bon de la rétablir par un baiser ou deux.

LE CHEVALIER. – Non.

TRIVELIN. – Convertissons donc cela en autre chose.

LE CHEVALIER. – Je ne saurais.

TRIVELIN. – Vous ne m'entendez point ; je ne puis me résoudre à vous dire le mot de l'énigme. *(Le chevalier tire sa montre.)* Ah ! ah ! tu la devineras ; tu n'y es plus ; le mot n'est pas une montre ; la montre en approche pourtant, à cause du métal.

LE CHEVALIER. – Eh ! je vous entends à merveille ; qu'à cela ne tienne.

TRIVELIN. – J'aime pourtant mieux un baiser.

LE CHEVALIER. – Tiens, mais observe ta conduite.

TRIVELIN. – Ah ! friponne, tu triches ma flamme, tu t'esquives, mais avec tant de grâce, qu'il faut me rendre.

Scène VII

LE CHEVALIER, TRIVELIN, ARLEQUIN

Arlequin, qui vient, a écouté la fin de la scène par-derrière. Dans le temps que le chevalier donne de l'argent à Trivelin, d'une main il prend l'argent, et de l'autre il embrasse le chevalier.

ARLEQUIN. – Ah ! je la tiens ! ah ! m'amour, je me meurs ! cher petit lingot d'or, je n'en puis plus. Ah ! Trivelin ! je suis heureux !

TRIVELIN. – Et moi volé.

LE CHEVALIER. – Je suis au désespoir, mon secret est découvert.

ARLEQUIN. – Laissez-moi vous contempler, cassette de mon âme : qu'elle est jolie ! Mignarde, mon cœur s'en va, je me trouve mal. Vite un échantillon pour me remettre, ah ! ah ! ah ! ah !

LE CHEVALIER *(à Trivelin)*. – Débarrasse-moi de lui ; que veut-il dire avec son échantillon ?

TRIVELIN. – Bon ! bon ! c'est de l'argent qu'il demande.

LE CHEVALIER. – S'il ne tient qu'à cela pour venir à bout du dessein que je poursuis, emmène-le, et engage-le au secret ; voilà de quoi le faire taire. *(À Arlequin.)* Mon cher Arlequin, ne me découvre point ; je te promets des échantillons tant que tu voudras. Trivelin va t'en donner, suis-le, et ne dis mot, tu n'aurais rien si tu parlais.

ARLEQUIN. – Malepeste ! je serai sage. M'aimerez-vous, petit homme ?

LE CHEVALIER. – Sans doute.

TRIVELIN. – Allons, mon fils, tu te souviens bien de la bouteille de fondation ; allons la boire.

ARLEQUIN *(sans bouger)*. – Allons.

TRIVELIN. – Viens donc. *(Au chevalier.)* Allez votre chemin, et ne vous embarrassez de rien.

ARLEQUIN *(en s'en allant)*. – Ah ! la belle trouvaille, la belle trouvaille !

Scène VIII

LA COMTESSE, LE CHEVALIER

LE CHEVALIER *(seul un moment)*. – À tout hasard, continuons ce que j'ai commencé. Je prends trop de plaisir à mon projet pour l'abandonner ; dût-il m'en coûter encore vingt pistoles*, je veux tâcher d'en venir à bout. Voici la comtesse ; je la crois dans de bonnes dispositions pour moi ; achevons de la déterminer. Vous me paraissez bien triste, Madame ; qu'avez-vous ?

LA COMTESSE *(à part)*. – Éprouvons ce qu'il pense. *(Au chevalier.)* Je viens vous faire un compliment qui me déplaît, mais je ne saurais m'en dispenser.

LE CHEVALIER. – Ahi, notre conversation débute mal, Madame.

LA COMTESSE. – Vous avez pu remarquer que je vous voyais ici avec plaisir ; et s'il ne tenait qu'à moi, j'en aurais encore beaucoup à vous y voir.

LE CHEVALIER. – J'entends ; je vous épargne le reste, et je vais coucher à Paris.

LA COMTESSE. – Ne vous en prenez pas à moi, je vous le demande en grâce.

LE CHEVALIER. – Je n'examine rien ; vous ordonnez, j'obéis.

LA COMTESSE. – Ne dites point que j'ordonne.

LE CHEVALIER. – Eh ! Madame, je ne vaux pas la peine que vous vous excusiez, et vous êtes trop bonne.

LA COMTESSE. – Non, vous dis-je ; et si vous voulez rester, en vérité vous êtes le maître.

LE CHEVALIER. – Vous ne risquez rien à me donner carte blanche ; je sais le respect que je dois à vos véritables intentions.

LA COMTESSE. – Mais, Chevalier, il ne faut pas respecter des chimères.

LE CHEVALIER. – Il n'y a rien de plus poli que ce discours-là.

LA COMTESSE. – Il n'y a rien de plus désagréable que votre obstination à me croire polie ; car il faudra, malgré moi, que je la sois. Je suis d'un sexe un peu fier. Je vous dis de rester, je ne saurais aller plus loin ; aidez-vous.

LE CHEVALIER *(à part)*. – Sa fierté se meurt, je veux l'achever. *(Haut.)* Adieu, Madame ; je craindrais de prendre le change, je suis tenté de demeurer, et je fuis le danger de mal interpréter vos honnêtetés. Adieu ; vous renvoyez mon cœur dans un terrible état.

LA COMTESSE. – Vit-on jamais un pareil esprit, avec son cœur qui n'a pas le sens commun ?

LE CHEVALIER *(se retournant)*. – Du moins, Madame, attendez que je sois parti, pour marquer un dégoût à mon égard.

LA COMTESSE. – Allez, Monsieur, je ne saurais attendre ; allez à Paris chercher des femmes qui s'expliquent plus précisément que moi, qui vous prient de rester en termes formels, qui ne rougissent de rien ; pour moi, je me ménage, je sais ce que je me dois ; et vous partirez, puisque vous avez la fureur de prendre tout de travers.

LE CHEVALIER. – Vous ferai-je plaisir de rester ?

LA COMTESSE. – Peut-on mettre une femme entre le oui et le non ? Quelle brusque alternative ! Y a-t-il rien de plus haïssable qu'un homme qui ne saurait deviner ? Mais allez-vous-en, je suis lasse de tout faire.

LE CHEVALIER *(faisant semblant de s'en aller)*. – Je devine donc, je me sauve.

LA COMTESSE. – Il devine, dit-il, il devine, et s'en va ; la belle pénétration ! Je ne sais pourquoi cet homme m'a plu. Lélio n'a qu'à le suivre, je le congédie ; je ne veux plus de ces importuns-là chez moi. Ah ! que je hais les hommes à présent ! Qu'ils sont insupportables ! J'y renonce de bon cœur.

LE CHEVALIER *(comme revenant sur ses pas)*. – Je ne songeais pas, Madame, que je vais dans un pays où je puis vous rendre quelques services ; n'avez-vous rien à m'y commander ?

LA COMTESSE. – Oui-da ; oubliez que je souhaitais que vous restassiez ici : voilà tout.

LE CHEVALIER. – Voilà une commission qui m'en donne une autre, c'est celle de rester, et je m'en tiens à la dernière.

LA COMTESSE. – Comment ! vous comprenez cela ? Quel prodige ! En vérité, il n'y a pas moyen de s'étourdir sur les bontés qu'on a pour vous ; il faut se résoudre à les sentir, ou vous laisser là.

LE CHEVALIER. – Je vous aime, et ne présume rien en ma faveur.

LA COMTESSE. – Je n'entends pas que vous présumiez rien non plus.

LE CHEVALIER. – Il est donc inutile de me retenir, Madame.

LA COMTESSE. – Inutile ! Comme il prend tout ! mais il faut bien observer ce qu'on vous dit.

LE CHEVALIER. – Mais aussi, que ne vous expliquez-vous franchement ? Je pars, vous me retenez ; je crois que c'est pour quelque chose qui en vaudra la peine, point du tout ; c'est pour me dire : Je n'entends pas que vous présumiez rien non plus. N'est-ce pas là quelque chose de bien tentant ? Et moi, Madame, je n'entends point vivre comme cela ; je ne saurais, je vous aime trop.

LA COMTESSE. – Vous avez là un amour bien mutin* : il est bien pressé.

LE CHEVALIER. – Ce n'est pas ma faute, il est comme vous me l'avez donné.

LA COMTESSE. – Voyons donc. Que voulez-vous ?

LE CHEVALIER. – Vous plaire.

LA COMTESSE. – Hé bien, il faut espérer que cela viendra.

LE CHEVALIER. – Moi ! me jeter dans l'espérance ! Oh ! que non ; je ne donne point dans un pays perdu, je ne saurais où je marche.

LA COMTESSE. – Marchez, marchez, on ne vous égarera pas.

LE CHEVALIER. – Donnez-moi votre cœur pour compagnon de voyage, et je m'embarque.

LA COMTESSE. – Hum ! nous n'irons peut-être pas loin ensemble.

LE CHEVALIER. – Eh ! par où devinez-vous cela ?

LA COMTESSE. – C'est que je vous crois volage.

LE CHEVALIER. – Vous m'avez fait peur ; j'ai cru votre soupçon plus grave ; mais pour volage, s'il n'y a que cela qui vous retienne, partons ; quand vous me connaîtrez mieux, vous ne me reprocherez pas ce défaut-là.

LA COMTESSE. – Parlons raisonnablement : vous pourrez me plaire, je n'en disconviens pas ; mais est-il naturel que vous plaisiez tout d'un coup ?

LE CHEVALIER. – Non. Mais si vous vous réglez avec moi sur ce qui est naturel, je ne tiens rien ; je ne saurais obtenir votre cœur que *gratis* ; si j'attends que je l'aie gagné, nous n'aurons jamais fait ; je connais ce que vous valez et ce que je vaux.

LA COMTESSE. – Fiez-vous à moi ; je suis généreuse, je vous ferai peut-être grâce.

LE CHEVALIER. – Rayez le *peut-être*, ce que vous dites en sera plus doux.

LA COMTESSE. – Laissons-le, il ne peut être là que par bienséance.

LE CHEVALIER. – Le voilà un peu mieux placé, par exemple.

LA COMTESSE. – C'est que j'ai voulu vous raccommoder avec lui.

LE CHEVALIER. – Venons au fait ; m'aimerez-vous ?

LA COMTESSE. – Mais au bout du compte, m'aimez-vous vous-même ?

LE CHEVALIER. – Oui, Madame, j'ai fait ce grand effort-là.

LA COMTESSE. – Il y a si peu de temps que vous me connaissez, que je ne laisse pas que d'en être surprise.

LE CHEVALIER. – Vous, surprise ! Il fait jour, le soleil nous luit, cela ne vous surprend-il pas aussi ? Car je ne sais que répondre à de pareils discours, moi. Eh ! Madame, faut-il vous voir plus d'un moment pour apprendre à vous adorer ?

LA COMTESSE. – Je vous crois, ne vous fâchez point, ne me chicanez pas davantage.

LE CHEVALIER. – Oui, Comtesse, je vous aime, et de tous les hommes qui peuvent aimer, il n'y en a pas un dont l'amour soit si pur, si raisonnable, je vous en fais serment sur cette belle main, qui veut bien se livrer à mes caresses ; regardez-moi, Madame, tournez vos beaux yeux sur moi, ne me volez point le doux embarras que j'y fais naître. Ah ! quels regards ! Qu'ils sont charmants ! Qui est-ce qui aurait jamais dit qu'ils tomberaient sur moi ?

LA COMTESSE. – En voilà assez, rendez-moi ma main, elle n'a que faire là, vous parlerez bien sans elle.

LE CHEVALIER. – Vous me l'avez laissé prendre, laissez-moi la garder.

LA COMTESSE. – Courage, j'attends que vous ayez fini.

LE CHEVALIER. – Je ne finirai jamais.

LA COMTESSE. – Vous me faites oublier ce que j'avais à vous dire ; je suis venue tout exprès, et vous m'amusez toujours. Revenons ; vous m'aimez, voilà qui va fort bien, mais comment ferons-nous ? Lélio est jaloux de vous.

LE CHEVALIER. – Moi, je le suis de lui ; nous voilà quittes.

LA COMTESSE. – Il a peur que vous ne m'aimiez.

LE CHEVALIER. – C'est un nigaud d'en avoir peur, il devrait en être sûr.

LA COMTESSE. – Il craint que je ne vous aime.

LE CHEVALIER. – Eh ! pourquoi ne m'aimeriez-vous pas ? Je le trouve plaisant. Il fallait lui dire que vous m'aimiez, pour le guérir de sa crainte.

LA COMTESSE. – Mais, Chevalier, il faut le penser pour le dire.

LE CHEVALIER. – Comment ! ne m'avez-vous pas dit tout à l'heure que vous me ferez grâce ?

LA COMTESSE. – Je vous ai dit : Peut-être.

LE CHEVALIER. – Ne savais-je pas bien que le maudit *peut-être* me jouerait un mauvais tour ? Eh ! que faites-vous donc de mieux, si vous ne m'aimez pas ? Est-ce encore Lélio qui triomphe ?

LA COMTESSE. – Lélio commence bien à me déplaire.

LE CHEVALIER. – Qu'il achève donc, et nous laisse en repos.

LA COMTESSE. – C'est le caractère le plus singulier.

LE CHEVALIER. – L'homme le plus ennuyant.

LA COMTESSE. – Et brusque avec cela, toujours inquiet. Je ne sais quel parti prendre avec lui.

LE CHEVALIER. – Le parti de la raison.

LA COMTESSE. – La raison ne plaide plus pour lui, non plus que mon cœur.

LE CHEVALIER. – Il faut qu'il perde son procès.

LA COMTESSE. – Me le conseillez-vous ? Je crois qu'effectivement il en faut venir là.

LE CHEVALIER. – Oui ; mais de votre cœur, qu'en ferez-vous après ?

LA COMTESSE. – De quoi vous mêlez-vous ?

LE CHEVALIER. – Parbleu ! de mes affaires.

LA COMTESSE. – Vous le sauriez trop tôt.

LE CHEVALIER. – Morbleu !

LA COMTESSE. – Qu'avez-vous ?

LE CHEVALIER. – C'est que vous avez des longueurs qui me désespèrent.

LA COMTESSE. – Mais vous êtes bien impatient, Chevalier ! Personne n'est comme vous.

LE CHEVALIER. – Ma foi ! Madame, on est ce que l'on peut quand on vous aime.

LA COMTESSE. – Attendez ; je veux vous connaître mieux.

LE CHEVALIER. – Je suis vif, et je vous adore, me voilà tout entier ; mais trouvons un expédient qui vous mette à votre aise ; si je vous déplais, dites-moi de partir, et je pars, il n'en sera plus parlé ; si je puis espérer quelque chose, ne me dites rien, je vous dispense de me répondre, votre silence fera ma joie, et il ne vous en coûtera pas une syllabe. Vous ne sauriez prononcer à moins de frais.

LA COMTESSE. – Ah !

LE CHEVALIER. – Je suis content.

LA COMTESSE. – J'étais pourtant venue pour vous dire de nous quitter ; Lélio m'en avait prié.

LE CHEVALIER. – Laissons là Lélio, sa cause ne vaut rien.

Scène IX

LE CHEVALIER, LA COMTESSE, LÉLIO

Lélio arrive en faisant au chevalier des signes de joie.

LÉLIO. – Tout beau, Monsieur le chevalier, tout beau ; laissons là Lélio, dites-vous ! Vous le méprisez bien ! Ah ! grâces au Ciel, et à la bonté de Madame, il n'en sera rien, s'il vous plaît. Lélio, qui vaut mieux que vous, restera, et vous vous en irez. Comment, morbleu ! que dites-vous de lui, Madame ? Ne suis-je pas entre les mains d'un ami bien scrupuleux ? Son procédé n'est-il pas édifiant ?

LE CHEVALIER. – Eh ! que trouvez-vous de si étrange à mon procédé, Monsieur ? Quand je suis devenu votre ami, ai-je fait vœu de rompre avec la beauté, les grâces et tout ce qu'il y a de plus aimable dans le monde ? Non, parbleu ! Votre amitié est belle et bonne, mais je m'en passerai mieux que d'amour pour Madame. Vous trouvez un rival ; eh bien, prenez patience ; en êtes-vous étonné, si Madame n'a pas la complaisance de s'enfermer pour vous ; vos étonnements ont tout l'air d'être fréquents, et il faudra bien que vous vous y accoutumiez.

LÉLIO. – Je n'ai rien à vous répondre ; Madame aura soin de me venger de vos louables entreprises. *(À la comtesse.)* Voulez-vous bien que je vous donne la main, Madame ? car je ne vous crois pas extrêmement amusée des discours de Monsieur.

LA COMTESSE *(sérieuse et se retirant).* – Où voulez-vous que j'aille ? Nous pouvons nous promener ensemble ; je ne me plains pas du chevalier : s'il m'aime, je ne saurais me fâcher de la manière dont il le dit, et je n'aurais tout au plus à lui reprocher que la médiocrité de son goût.

LE CHEVALIER. – Ah ! j'aurai plus de partisans de mon goût que vous n'en aurez de vos reproches, Madame.

LÉLIO *(en colère).* – Cela va le mieux du monde, et je joue ici un fort aimable personnage ! Je ne sais quelles sont vos vues, Madame, mais...

LA COMTESSE. – Ah ! je n'aime pas les emportés ; je vous reverrai quand vous serez plus calme.

Elle sort.

Scène X

LE CHEVALIER, LÉLIO

LÉLIO *(regarde aller la comtesse. Quand elle ne paraît plus, il se met à éclater de rire).* – Ah ! ah ! ah ! ah ! voilà une femme bien dupe ! Qu'en dis-tu, ai-je bonne grâce à faire le jaloux ?

La comtesse reparaît seulement pour voir ce qui se passe.

LÉLIO *(bas)*. – Elle revient pour nous observer. *(Haut.)* Nous verrons ce qu'il en sera, Chevalier, nous verrons.

LE CHEVALIER *(bas)*. – Ah ! l'excellent fourbe ! *(Haut.)* Adieu, Lélio ! Vous le prendrez sur le ton qu'il vous plaira ; je vous en donne ma parole. Adieu.

Ils s'en vont chacun de leur côté.

ACTE III

Scène I

LÉLIO, ARLEQUIN

ARLEQUIN *(entre pleurant)*. – Hi ! hi ! hi ! hi !

LÉLIO. – Dis-moi donc pourquoi tu pleures, je veux le savoir absolument.

ARLEQUIN *(plus fort)*. – Hi ! hi ! hi ! hi !

LÉLIO. – Mais quel est le sujet de ton affliction ?

ARLEQUIN. – Ah ! Monsieur, voilà qui est fini, je ne serai plus gaillard*.

LÉLIO. – Pourquoi ?

ARLEQUIN. – Faute d'avoir envie de rire.

LÉLIO. – Et d'où vient que tu n'as plus envie de rire, imbécile ?

ARLEQUIN. – À cause de ma tristesse.

LÉLIO. – Je te demande ce qui te rend triste.

ARLEQUIN. – C'est un grand chagrin, Monsieur.

LÉLIO. – Il ne rira plus parce qu'il est triste, et il est triste à cause d'un grand chagrin : te plaira-t-il de t'expliquer mieux ? Sais-tu bien que je me fâcherai à la fin ?

ARLEQUIN. – Hélas ! je vous dis la vérité. *(Il soupire.)*

LÉLIO. – Tu me la dis si sottement, que je n'y comprends rien : t'a-t-on fait du mal ?

ARLEQUIN. – Beaucoup de mal.

LÉLIO. – Est-ce qu'on t'a battu ?

ARLEQUIN. – Pû ! bien pis que tout cela, ma foi.

LÉLIO. – Bien pis que tout cela ?

ARLEQUIN. – Oui ; quand un pauvre homme perd de l'or, il faut qu'il meure, et je mourrai aussi, je n'y manquerai pas.

LÉLIO. – Que veux-tu dire : de l'or ?

ARLEQUIN. – De l'or du Pérou, voilà comme on dit qu'il s'appelle.

LÉLIO. – Est-ce que tu en avais ?

ARLEQUIN. – Eh ! vraiment oui ; voilà mon affaire, je n'en ai plus, je pleure ; quand j'en avais, j'étais bien aise.

LÉLIO. – Qui est-ce qui te l'avait donné, cet or ?

ARLEQUIN. – C'est Monsieur le chevalier qui m'avait fait présent de cet échantillon-là.

LÉLIO. – De quel échantillon ?

ARLEQUIN. – Eh ! je vous le dis.

LÉLIO. – Quelle patience il faut avoir avec ce nigaud-là ! Sachons pourtant ce que c'est. Arlequin, fais trêve à tes larmes ; si tu te plains de quelqu'un, j'y mettrai ordre ; mais éclaircis-moi la chose. Tu me parles d'un or du Pérou, après cela d'un échantillon : je ne t'entends point, réponds-moi précisément. Le chevalier t'a-t-il donné de l'or ?

ARLEQUIN. – Pas à moi, mais il l'avait donné devant moi à Trivelin pour me le rendre en main propre ; mais cette main propre n'en a point tâté ; le fripon a tout gardé dans la sienne, qui n'était pas plus propre que la mienne.

LÉLIO. – Cet or était-il en quantité ? Combien de louis* y avait-il ?

ARLEQUIN. – Peut-être quarante ou cinquante, je ne les ai pas comptés.

LÉLIO. – Quarante ou cinquante ! Et pourquoi le chevalier te faisait-il ce présent-là ?

ARLEQUIN. – Parce que je lui avais demandé un échantillon.

LÉLIO. – Encore ton échantillon !

ARLEQUIN. – Eh ! vraiment oui ; Monsieur le chevalier en avait aussi donné à Trivelin.

LÉLIO. – Je ne saurais débrouiller ce qu'il veut dire ; il y a cependant quelque chose là-dedans qui peut me regarder. Réponds-moi : avais-tu rendu au chevalier quelque service qui l'engageât à te récompenser ?

ARLEQUIN. – Non, mais j'étais jaloux de ce qu'il aimait Trivelin, de ce qu'il avait charmé son cœur et mis de l'or dans sa bourse ; et moi, je voulais aussi avoir le cœur charmé, et la bourse pleine.

LÉLIO. – Quel étrange galimatias me fais-tu là ?

ARLEQUIN. – Il n'y a pourtant rien de plus vrai que tout cela.

LÉLIO. – Quel rapport y a-t-il entre le cœur de Trivelin et le chevalier ? Le chevalier a-t-il de si grands charmes ? Tu parles de lui comme d'une femme.

ARLEQUIN. – Tant y a* qu'il est ravissant, et qu'il fera aussi rafle* de votre cœur, quand vous le connaîtrez. Allez, pour voir, lui dire : Je vous connais et je garderai le secret. Vous verrez si ce n'est pas un échantillon qui vous viendra sur-le-champ, et vous me direz si je suis fou.

LÉLIO. – Je n'y comprends rien : mais qui est-il, le chevalier ?

ARLEQUIN. – Voilà justement le secret qui fait avoir un présent quand on le garde.

LÉLIO. – Je prétends que tu me le dises, moi.

ARLEQUIN. – Vous me ruineriez, Monsieur, il ne me donnerait plus rien, ce charmant petit semblant d'homme, et je l'aime trop pour le fâcher.

LÉLIO. – Ce petit semblant d'homme ! Que veut-il dire ? et que signifie son transport ? En quoi le trouves-tu donc plus charmant qu'un autre ?

ARLEQUIN. – Ah ! Monsieur, on ne voit point d'hommes comme lui, il n'y en a point dans le monde, c'est folie que d'en chercher, mais sa mascarade empêche de voir cela.

LÉLIO. – Sa mascarade ! Ce qu'il me dit là me fait naître une pensée que toutes mes réflexions fortifient ; le chevalier a de certains traits, un certain minois... Mais voici Trivelin, je veux le forcer à me dire la vérité, s'il la sait ! j'en tirerai meilleure raison que de ce butor-là. *(À Arlequin.)* Va-t'en ; je tâcherai de te faire ravoir ton argent.

Arlequin part en lui baisant la main et se plaignant.

Scène II

LÉLIO, TRIVELIN

TRIVELIN *(entre en rêvant, et voyant Lélio, il dit).* – Voici ma mauvaise paye* ; la physionomie de cet homme-là m'est devenue fâcheuse ; promenons-nous d'un autre côté.

LÉLIO *(l'appelle).* – Trivelin, je voudrais bien te parler.

TRIVELIN. – À moi, Monsieur ? Ne pourriez-vous pas remettre cela ? J'ai actuellement un mal de tête qui ne me permet de conversation avec personne.

LÉLIO. – Bon, bon ! c'est bien à toi à prendre garde à un petit mal de tête : approche.

TRIVELIN. – Je n'ai, ma foi, rien de nouveau à vous apprendre, au moins.

LÉLIO *(va à lui, et le prenant par le bras).* – Viens donc.

TRIVELIN. – Eh bien, de quoi s'agit-il ? Vous reprocheriez-vous la récompense que vous m'avez donnée tantôt ? Je n'ai jamais vu de bienfait dans ce goût-là ; voulez-vous rayer ce petit trait-là de votre vie ? tenez, ce n'est qu'une vétille, mais les vétilles gâtent tout.

LÉLIO. – Écoute, ton verbiage me déplaît.

TRIVELIN. – Je vous disais bien que je n'étais pas en état de paraître en compagnie.

LÉLIO. – Et je veux que tu répondes positivement à ce que je te demanderai ; je réglerai mon procédé sur le tien.

TRIVELIN. – Le vôtre sera donc court, car le mien sera bref. Je n'ai vaillant qu'une réplique, qui est que je ne sais rien : vous voyez bien que je ne vous ruinerai pas en interrogations.

LÉLIO. – Si tu me dis la vérité, tu n'en seras pas fâché.

TRIVELIN. – Sauriez-vous encore quelques coups de bâton à m'épargner ?

LÉLIO *(fièrement)*. – Finissons.

TRIVELIN *(s'en allant)*. – J'obéis.

LÉLIO. – Où vas-tu ?

TRIVELIN. – Pour finir une conversation, il n'y a rien de mieux que de la laisser là ; c'est le plus court, ce me semble.

LÉLIO. – Tu m'impatientes, et je commence à me fâcher ; tiens-toi là, écoute, et me réponds.

TRIVELIN *(à part)*. – À qui en a ce diable d'homme-là ?

LÉLIO. – Je crois que tu jures entre tes dents.

TRIVELIN. – Cela m'arrive quelquefois par distraction.

LÉLIO. – Crois-moi, traitons avec douceur ensemble, Trivelin, je t'en prie.

TRIVELIN. – Oui-da, comme il convient à d'honnêtes gens.

LÉLIO. – Y a-t-il longtemps que tu connais le chevalier ?

TRIVELIN. – Non, c'est une nouvelle connaissance ; la vôtre et la mienne sont de la même date.

LÉLIO. – Sais-tu qui il est ?

TRIVELIN. – Il se dit cadet d'un aîné gentilhomme, mais les titres de cet aîné, je ne les ai point vus ; si je les vois jamais, je vous en promets copie.

LÉLIO. – Parle-moi à cœur ouvert.

TRIVELIN. – Je vous la promets, vous dis-je, je vous en donne ma parole ; il n'y a point de sûreté* de cette force-là nulle part.

LÉLIO. – Tu me caches la vérité ; le nom de chevalier qu'il porte n'est qu'un faux nom.

TRIVELIN. – Serait-il l'aîné de sa famille ? Je l'ai cru réduit à une légitime* ; voyez ce que c'est !

LÉLIO. – Tu bats la campagne ; ce chevalier mal nommé, avoue-moi que tu l'aimes.

TRIVELIN. – Eh ! je l'aime par la règle générale qu'il faut aimer tout le monde ; voilà ce qui le tire d'affaire auprès de moi.

LÉLIO. – Tu t'y ranges avec plaisir, à cette règle-là.

TRIVELIN. – Ma foi, Monsieur, vous vous trompez, rien ne me coûte tant que mes devoirs ; plein de courage pour les vertus inutiles, je suis d'une tiédeur pour les nécessaires qui passe l'imagination ; qu'est-ce que c'est que nous ! N'êtes-vous pas comme moi, Monsieur ?

LÉLIO *(avec dépit)*. – Fourbe ! tu as de l'amour pour ce faux chevalier.

TRIVELIN. – Doucement, Monsieur ; diantre ! ceci est sérieux.

LÉLIO. – Tu sais quel est son sexe.

TRIVELIN. – Expliquons-nous : de sexes, je n'en connais que deux, l'un qui se dit raisonnable, l'autre qui nous prouve que cela n'est pas vrai : duquel des deux le chevalier est-il ?

LÉLIO *(le prenant par le bouton*)*. – Puisque tu m'y forces, ne perds rien de ce que je vais te dire. Je te ferai périr sous le bâton si tu me joues davantage ; m'entends-tu ?

TRIVELIN. – Vous êtes clair.

LÉLIO. – Ne m'irrite point ; j'ai dans cette affaire-ci un intérêt de la dernière conséquence ; il y va de ma fortune, et tu parleras, ou je te tue.

TRIVELIN. – Vous me tuerez si je ne parle ! Hélas ! Monsieur, si les babillards ne mouraient point, je serais éternel, ou personne ne le serait.

LÉLIO. – Parle donc.

TRIVELIN. – Donnez-moi un sujet ; quelque petit qu'il soit, je m'en contente, et j'entre en matière.

LÉLIO *(tirant son épée)*. – Ah ! tu ne veux pas ! Voici qui te rendra plus docile.

TRIVELIN *(faisant l'effrayé)*. – Fi donc ! Savez-vous bien que vous me feriez peur sans votre physionomie d'honnête homme ?

LÉLIO *(le regardant)*. – Coquin que tu es !

TRIVELIN. – C'est mon habit qui est un coquin ; pour moi, je suis un brave homme, mais avec cet équipage*-là, on a de la probité en pure perte ; cela ne fait ni honneur ni profit.

LÉLIO *(remettant son épée)*. – Va, je tâcherai de me passer de l'aveu que je te demandais ; mais je te retrouverai, et tu me répondras de ce qui m'arrivera de fâcheux.

TRIVELIN. – En quelque endroit que nous nous rencontrions, Monsieur, je sais ôter mon chapeau de bonne grâce, je vous en garantis la preuve, et vous serez content de moi.

LÉLIO *(en colère)*. – Retire-toi.

TRIVELIN *(s'en allant)*. – Il y a une heure que je vous l'ai proposé.

Scène III

LE CHEVALIER, LÉLIO *(rêveur)*

LE CHEVALIER. – Eh bien, mon ami, la comtesse écrit actuellement des lettres pour Paris ; elle descendra bientôt, et veut se promener avec moi, m'a-t-elle dit. Sur cela, je viens t'avertir de ne nous pas interrompre quand nous serons ensemble, et d'aller bouder d'un autre côté, comme il appartient à un jaloux. Dans cette conversation-ci, je vais mettre la dernière main à notre grand œuvre, et achever de la résoudre. Mais je voudrais que toutes tes espérances fussent remplies, et j'ai songé à une chose : le dédit que tu as d'elle est-il bon ? Il y a des dédits mal conçus et qui ne servent de rien ; montre-moi le tien, je m'y connais, en cas qu'il y manquât quelque chose, on pourrait prendre des mesures.

LÉLIO *(à part)*. – Tâchons de le démasquer si mes soupçons sont justes.

LE CHEVALIER. – Réponds-moi donc, à qui en as-tu ?

LÉLIO. – Je n'ai point le dédit sur moi ; mais parlons d'autre chose.

LE CHEVALIER. – Qu'y a-t-il de nouveau ? Songes-tu encore à me faire épouser quelque autre femme avec la comtesse ?

LÉLIO. – Non, je pense à quelque chose de plus sérieux ; je veux me couper la gorge.

LE CHEVALIER. – Diantre ! quand tu te mêles du sérieux, tu le traites à fond ; et que t'a fait ta gorge pour la couper ?

LÉLIO. – Point de plaisanterie.

LE CHEVALIER *(à part)*. – Arlequin aurait-il parlé ? *(À Lelio.)* Si ta résolution tient, tu me feras ton légataire, peut-être.

LÉLIO. – Vous serez de la partie dont je parle.

LE CHEVALIER. – Moi, je n'ai rien à reprocher à ma gorge, et sans vanité je suis content d'elle.

LÉLIO. – Et moi, je ne suis point content de vous, et c'est avec vous que je veux m'égorger.

LE CHEVALIER. – Avec moi !

LÉLIO. – Vous-même.

LE CHEVALIER *(riant et le poussant de la main)*. – Ah ! ah ! ah ! ah ! Va te mettre au lit et te faire saigner, tu es malade.

LÉLIO. – Suivez-moi.

LE CHEVALIER *(lui tâtant le pouls)*. – Voilà un pouls qui dénote un transport* au cerveau ; il faut que tu aies reçu un coup de soleil.

LÉLIO. – Point tant de raisons ; suivez-moi, vous dis-je.

LE CHEVALIER. – Encore un coup, va te coucher, mon ami.

LÉLIO. – Je vous regarde comme un lâche si vous ne marchez.

LE CHEVALIER *(avec pitié)*. – Pauvre homme ! après ce que tu me dis là, tu es du moins heureux de n'avoir plus le bon sens.

LÉLIO. – Oui, vous êtes aussi poltron qu'une femme.

LE CHEVALIER *(à part)*. – Tenons ferme. *(À Lélio.)* Lélio, je vous crois malade ; tant pis pour vous si vous ne l'êtes pas.

LÉLIO *(avec dédain)*. – Je vous dis que vous manquez de cœur, et qu'une quenouille siérait mieux à votre côté qu'une épée.

LE CHEVALIER. – Avec une quenouille, mes pareils vous battraient encore.

LÉLIO. – Oui, dans une ruelle.

LE CHEVALIER. – Partout. Mais ma tête s'échauffe, vérifions un peu votre état. Regardez-moi entre deux yeux. Je crains encore que ce ne soit un accès de fièvre : voyons. *(Lélio le regarde.)* Oui, vous avez quelque chose de fou dans le regard, et j'ai pu m'y tromper : allons, allons ; mais que je sache du moins en vertu de quoi je vais vous rendre sage.

LÉLIO. – Nous passons dans ce petit bois, je vous le dirai là.

LE CHEVALIER. – Hâtons-nous donc. *(À part.)* S'il me voit résolue, il sera peut-être poltron.

Ils marchent tous deux.
Quand ils sont tout près de sortir du théâtre :

LÉLIO *(se retourne, regarde le chevalier, et dit)*. – Vous me suivez donc ?

LE CHEVALIER. – Qu'appelez-vous, je vous suis ? qu'est-ce que cette réflexion ? Est-ce qu'il vous plairait à présent de prendre le transport au cerveau pour excuse ? Oh ! il n'est plus temps ; raisonnable ou fou, malade ou sain, marchez ; je veux filer ma quenouille. Je vous arracherais, morbleu, d'entre les mains des médecins, voyez-vous ! Poursuivons.

LÉLIO *(le regardant avec attention)*. – C'est donc tout de bon ?

LE CHEVALIER. – Ne nous amusons point, vous dis-je, vous devriez être expédié.

LÉLIO *(revenant au théâtre)*. – Doucement, mon ami, expliquons-nous à présent.

LE CHEVALIER *(lui serrant la main)*. – Je vous regarde comme un lâche si vous hésitez davantage.

LÉLIO *(à part)*. – Je me suis, ma foi, trompé ; c'est un chevalier, et des plus résolus.

LE CHEVALIER *(mutin*)*. – Vous êtes plus poltron qu'une femme.

LÉLIO. – Parbleu ! Chevalier, je t'en ai cru une, voilà la vérité. De quoi t'avises-tu aussi d'avoir un visage à toilette* ? Il n'y a point de femme à qui ce visage-là n'allât comme un charme ; tu es masqué en coquette.

LE CHEVALIER. – Masque vous-même ; vite au bois !

LÉLIO. – Non, je ne voulais faire qu'une épreuve : tu as chargé Trivelin de donner de l'argent à Arlequin, je ne sais pourquoi.

LE CHEVALIER *(sérieusement)*. – Parce que, étant seul, il m'avait entendu dire quelque chose de notre projet, qu'il pouvait rapporter à la comtesse ; voilà pourquoi, Monsieur.

LÉLIO. – Je ne devinais pas. Arlequin m'a tenu aussi des discours qui signifiaient que tu étais fille ; ta beauté me l'a fait d'abord soupçonner, mais je me rends. Tu es beau, et encore plus brave, embrassons-nous et reprenons notre intrigue.

LE CHEVALIER. – Quand un homme comme moi est en train, il a de la peine à s'arrêter.

LÉLIO. – Tu as encore cela de commun avec la femme.

LE CHEVALIER. – Quoi qu'il en soit, je ne suis curieux* de tuer personne ; je vous passe votre méprise, mais elle vaut bien une excuse.

LÉLIO. – Je suis ton serviteur, Chevalier, et je te prie d'oublier mon incartade.

LE CHEVALIER. – Je l'oublie, et je suis ravi que notre réconciliation m'épargne une affaire épineuse, et sans doute un homicide ; notre duel était positif*, et si j'en fais jamais un, il n'aura rien à démêler avec les ordonnances.

LÉLIO. – Ce ne sera pas avec moi, je t'en assure.

LE CHEVALIER. – Non, je te le promets.

LÉLIO *(lui donnant la main)*. – Touche là, je t'en garantis autant.

Arlequin arrive et se trouve là.

Scène IV

LE CHEVALIER, LÉLIO, ARLEQUIN

ARLEQUIN. – Je vous demande pardon si je vous suis importun, Monsieur le chevalier, mais ce larron de Trivelin ne veut pas me rendre l'argent que vous lui avez donné pour moi. J'ai pourtant été bien discret. Vous m'avez ordonné de ne pas dire que vous étiez fille ; demandez à Monsieur Lélio si je lui en ai dit mot ; il n'en sait rien, et je ne lui apprendrai jamais.

LE CHEVALIER *(étonné)*. – Peste soit du faquin ! je n'y saurais plus tenir.

ARLEQUIN *(tristement)*. – Comment faquin ! C'est donc comme cela que vous m'aimez ? *(À Lélio.)* Tenez, Monsieur, écoutez mes raisons ; je suis venu tantôt, que Trivelin lui disait : Que tu es charmante, ma poule ! Baise-moi. Non. Donne-moi donc de l'argent. Ensuite il a avancé la main pour prendre cet argent ; mais la mienne était là, et il est tombé dedans. Quand le chevalier a vu que j'étais là : Mon fils, m'a-t-il dit, n'apprends pas au monde que je suis une fillette. Non, mamour ; mais donnez-moi votre cœur. Prends, a-t-elle repris. Ensuite elle a dit à Trivelin de me donner de l'or, nous avons été boire ensemble, le cabaret en est témoin, et je reviens exprès pour avoir l'or et le cœur ; et voilà qu'on m'appelle un faquin !

Le chevalier rêve.

LÉLIO. – Va-t'en, laisse-nous, et ne dis mot à personne.

ARLEQUIN *(sort)*. – Ayez donc soin de mon bien. Eh ! eh ! eh !

Scène V

LE CHEVALIER, LÉLIO

LÉLIO. – Eh bien, Monsieur le duelliste, qui se battra sans blesser les ordonnances, je vous crois, mais qu'avez-vous à répondre ?

LE CHEVALIER. – Rien ; il ne ment pas d'un mot.

LÉLIO. – Vous voilà bien déconcertée, ma mie.

LE CHEVALIER. – Moi déconcertée ! pas un petit brin, grâces au ciel ! je suis femme, et je soutiendrai mon caractère.

LÉLIO. – Ah ! ah ! il s'agit de savoir à qui vous en voulez ici.

LE CHEVALIER. – Avouez que j'ai du guignon. J'avais bien conduit tout cela, rendez-moi justice ; je vous ai fait peur avec mon minois de coquette, c'est le plus plaisant.

LÉLIO. – Venons au fait ; j'ai eu l'imprudence de vous ouvrir mon cœur.

LE CHEVALIER. – Qu'importe, je n'ai rien vu dedans qui me fasse envie.

LÉLIO. – Vous savez mes projets.

LE CHEVALIER. – Qui n'avaient pas besoin d'un confident comme moi, n'est-il pas vrai ?

LÉLIO. – Je l'avoue.

LE CHEVALIER. – Ils sont pourtant beaux ! J'aime surtout cet ermitage et cette laideur immanquable, dont vous gratifierez votre épouse quinze jours après votre mariage ; il n'y a rien de tel.

LÉLIO. – Votre mémoire est fidèle, mais passons. Qui êtes-vous ?

LE CHEVALIER. – Je suis fille, assez jolie, comme vous voyez, et dont les agréments seront de quelque durée, si je trouve un mari qui me sauve le désert* et le terme des quinze jours : voilà ce que je suis, et par-dessus le marché, presque aussi méchante que vous.

LÉLIO. – Oh ! pour celui-là, je vous le cède.

LE CHEVALIER. – Vous avez tort, vous méconnaissez vos forces.

LÉLIO. – Qu'êtes-vous venue faire ici ?

LE CHEVALIER. – Tirer votre portrait, afin de le porter à certaine dame qui l'attend pour savoir ce qu'elle fera de l'original.

LÉLIO. – Belle mission !

LE CHEVALIER. – Pas trop laide. Par cette mission-là, c'est une tendre brebis qui échappe au loup, et douze mille livres de rente de sauvées, qui prendront parti* ailleurs ; petites bagatelles qui valaient bien la peine d'un déguisement.

LÉLIO *(intrigué)*. – Qu'est-ce que tout cela signifie ?

LE CHEVALIER. – Je m'explique. La brebis, c'est ma maîtresse, les douze mille livres de rente, c'est son bien, qui produit ce calcul si raisonnable de tantôt, et le loup qui eût dévoré tout cela, c'est vous, Monsieur.

LÉLIO. – Ah ! je suis perdu !

LE CHEVALIER. – Non, vous manquez votre proie, voilà tout ; il est vrai qu'elle était assez bonne ; mais aussi, pourquoi êtes-vous loup ? Ce n'est pas ma faute. On a su que vous étiez à Paris *incognito*, on s'est défié de votre conduite ; là-dessus on vous suit, on sait que vous êtes au bal ; j'ai de l'esprit* et de la malice, on m'y envoie ; on m'équipe comme vous me voyez pour me mettre à portée de vous connaître ; j'arrive, je fais ma charge*, je deviens votre ami, je vous connais, je trouve que vous ne valez rien ; j'en rendrai compte ; il n'y a pas un mot à redire.

LÉLIO. – Vous êtes donc la femme de chambre de la demoiselle en question ?

LE CHEVALIER. – Et votre très humble servante.

LÉLIO. – Il faut avouer que je suis bien malheureux.

LE CHEVALIER. – Et moi bien adroite. Mais, dites-moi, vous repentez-vous du mal que vous vouliez faire, ou de celui que vous n'avez pas fait ?

LÉLIO. – Laissons cela. Pourquoi votre malice m'a-t-elle encore ôté le cœur de la comtesse ? Pourquoi consentir à jouer auprès d'elle le personnage que vous y faites ?

LE CHEVALIER. – Pour d'excellentes raisons. Vous cherchiez à gagner dix mille écus* avec elle, n'est-ce pas ? Pour cet effet, vous réclamiez mon industrie* ; et quand j'aurais conduit l'affaire près de sa fin, avant de terminer je comptais de vous rançonner un peu et d'avoir ma part au pillage ; ou bien de tirer finement le dédit d'entre vos mains, sous prétexte de le voir, pour vous le revendre une centaine de pistoles* payées comptant, ou en billets payables au porteur, sans quoi j'aurais menacé de vous perdre auprès des douze mille livres* de rente, et de réduire votre calcul à zéro. Oh ! mon projet était fort bien entendu : moi payée, crac, je décampais avec mon petit gain, et le portrait qui m'aurait encore valu quelque petit revenant-bon* auprès de ma maîtresse ; tout cela joint à mes petites économies, tant sur mon voyage que sur mes gages, je devenais, avec mes agréments, un petit parti d'assez bonne défaite*, sauf le loup. J'ai manqué mon coup, j'en suis bien fâchée ; cependant vous me faites pitié, vous.

LÉLIO. – Ah ! si tu voulais...

LE CHEVALIER. – Vous vient-il quelque idée ? Cherchez.

LÉLIO. – Tu gagnerais encore plus que tu n'espérais.

LE CHEVALIER. – Tenez, je ne ferai point l'hypocrite ici ; je ne suis pas, non plus que vous, à un tour de fourberie près. Je vous ouvre aussi mon cœur, je ne crains pas de scandaliser le vôtre, et nous ne nous soucierons pas de nous estimer ; ce n'est pas la peine entre gens de notre caractère. Pour conclusion, faites ma fortune, et je dirai que vous êtes un honnête homme ; mais convenons de prix pour l'honneur que je vous fournirai ; il vous en faut beaucoup.

LÉLIO. – Eh ! demande-moi ce qu'il te plaira, je te l'accorde.

LE CHEVALIER. – *Motus* au moins ! gardez-moi un secret éternel. Je veux deux mille écus*, je n'en rabattrai pas un sou ; moyennant quoi, je vous laisse ma maîtresse, et j'achève avec la comtesse. Si nous nous accommodons*, dès ce soir j'écris une lettre à Paris, que vous dicterez vous-même ; vous vous y ferez tout aussi beau qu'il vous plaira, je vous mettrai à même* ; quand le mariage sera fait, devenez ce que vous pourrez, je serai nantie, et vous aussi ; les autres prendront patience.

LÉLIO. – Je te donne les deux mille écus, avec mon amitié.

LE CHEVALIER. – Oh ! pour cette nippe-là, je vous la troquerai contre cinquante pistoles, si vous voulez.

LÉLIO. – Contre cent, ma chère fille.

LE CHEVALIER. – C'est encore mieux ; j'avoue même qu'elle ne les vaut pas.

LÉLIO. – Allons, ce soir nous écrirons.

LE CHEVALIER. – Oui, mais mon argent, quand me le donnerez-vous ?

LÉLIO *(tirant une bague)*. – Voici une bague pour les cent pistoles du troc, d'abord.

LE CHEVALIER – Bon ! venons aux deux mille écus.

LÉLIO. – Je te ferai mon billet* tantôt.

LE CHEVALIER. – Oui, tantôt ! Madame la comtesse va venir, et je ne veux point finir avec elle que je n'aie toutes mes sûretés : mettez-moi le dédit en main, je vous le rendrai tantôt pour votre billet.

LÉLIO *(le tirant)*. – Tiens, le voilà.

LE CHEVALIER. – Ne me trahissez jamais.

LÉLIO. – Tu es folle.

LE CHEVALIER. – Voici la comtesse. Quand j'aurai été quelque temps avec elle, revenez en colère la presser de décider hautement entre vous et moi ; et allez-vous-en, de peur qu'elle ne nous voie ensemble.

Lélio sort.

Scène VI

LA COMTESSE, LE CHEVALIER

LE CHEVALIER. – J'allais vous trouver, Comtesse.

LA COMTESSE. – Vous m'avez inquiétée, Chevalier. J'ai vu de loin Lélio vous parler ; c'est un homme emporté ; n'ayez point d'affaire avec lui, je vous prie.

LE CHEVALIER. – Ma foi, c'est un original. Savez-vous qu'il se vante de vous obliger à me donner mon congé ?

LA COMTESSE. – Lui ! S'il se vantait d'avoir le sien, cela serait plus raisonnable.

LE CHEVALIER. – Je lui ai promis qu'il l'aurait, et vous dégagerez ma parole. Il est encore de bonne heure, il peut gagner Paris, et y arriver au soleil couchant : expédions-le, ma chère âme.

LA COMTESSE. – Vous n'êtes qu'un étourdi, Chevalier, vous n'avez pas de raison.

LE CHEVALIER. – De la raison ! Que voulez-vous que j'en fasse avec de l'amour ? Il va trop son train pour elle. Est-ce qu'il vous en reste encore de la raison, Comtesse ? Me feriez-vous ce chagrin-là ? Vous ne m'aimeriez guère.

LA COMTESSE. – Vous voilà dans vos petites folies ; vous savez qu'elles sont aimables, et c'est ce qui vous rassure ; il est vrai que vous m'amusez. Quelle différence de vous à Lélio, dans le fond !

LE CHEVALIER. – Oh ! vous ne voyez rien ! Mais revenons à Lélio. Je vous disais de le renvoyer aujourd'hui ; l'amour vous y condamne, il parle, il faut obéir.

LA COMTESSE. – Eh bien, je me révolte. Qu'en arrivera-t-il ?

LE CHEVALIER. – Non, vous n'oseriez.

LA COMTESSE. – Je n'oserais ? Mais voyez avec quelle hardiesse il me dit cela !

LE CHEVALIER. – Non, vous dis-je, je suis sûr de mon fait, car vous m'aimez, votre cœur est à moi ; j'en ferai ce que je voudrai, comme vous ferez du mien ce qu'il vous plaira : c'est la règle, et vous l'observerez, c'est moi qui vous le dis.

LA COMTESSE. – Il faut avouer que voilà un fripon bien sûr de ce qu'il vaut. Je l'aime ! mon cœur est à lui ! il nous dit cela avec une aisance admirable ; on ne peut pas être plus persuadé qu'il est.

LE CHEVALIER. – Je n'ai pas le moindre petit doute, c'est une confiance que vous m'avez donnée, et j'en use sans façon, comme vous voyez, et je conclus toujours que Lélio partira.

LA COMTESSE. – Et vous n'y songez pas ; dire à un homme qu'il s'en aille !

LE CHEVALIER. – Me refuser son congé à moi qui le demande, comme s'il ne m'était pas dû !

LA COMTESSE. – Badin !

LE CHEVALIER. – Tiède amante !

LA COMTESSE. – Petit tyran !

LE CHEVALIER. – Cœur révolté, vous rendrez-vous ?

LA COMTESSE. – Je ne saurais, mon cher Chevalier, j'ai quelques raisons pour en agir plus honnêtement* avec lui.

LE CHEVALIER. – Des raisons, Madame, des raisons ! et qu'est-ce que c'est que cela ?

LA COMTESSE. – Ne vous alarmez point ; c'est que je lui ai prêté de l'argent.

LE CHEVALIER. – Eh bien, vous en aurait-il fait une reconnaissance qu'on n'ose produire en justice ?

LA COMTESSE. – Point du tout, j'en ai son billet.

LE CHEVALIER. – Joignez-y un sergent*, vous voilà payée.

LA COMTESSE. – Il est vrai, mais…

LE CHEVALIER. – Eh ! eh ! voilà un *mais* qui a l'air honteux.

LA COMTESSE. – Que voulez-vous donc que je vous dise ? Pour m'assurer cet argent-là, j'ai consenti que nous fissions lui et moi un dédit de la somme.

LE CHEVALIER. – Un dédit, madame ! ah ! c'est un vrai transport d'amour que ce dédit-là, c'est une faveur ; il me pénètre, il me trouble, je ne suis pas le maître.

LA COMTESSE. – Ce misérable dédit, pourquoi faut-il que je l'aie fait ? Voilà ce que c'est que ma facilité pour un homme haïssable, que j'ai toujours deviné que je haïrais ; j'ai toujours eu certaine antipathie pour lui, et je n'ai jamais eu l'esprit* d'y prendre garde.

LE CHEVALIER. – Ah ! Madame, il s'est bien accommodé de cette antipathie-là, il en a fait un amour bien tendre ! Tenez, Madame, il me semble que je le vois à vos genoux, que vous l'écoutez avec un plaisir, qu'il vous jure de vous adorer toujours, que vous le payez du même serment, que sa bouche cherche la vôtre, et que la vôtre se laisse trouver : car voilà ce qui arrive ; enfin je vous vois soupirer, je vois vos yeux s'arrêter sur lui, tantôt vifs, tantôt languissants, toujours pénétrés d'amour, et d'un amour qui croît toujours. Et moi je me meurs ; ces objets-là me tuent. Comment ferai-je pour le perdre de vue ? Cruel dédit, te verrai-je toujours ? Qu'il va me coûter de chagrins ! Et qu'il me fait dire de folies !

LA COMTESSE. – Courage, Monsieur, rendez-vous tous deux la victime de vos chimères ; que je suis malheureuse d'avoir parlé de ce maudit dédit ! Pourquoi faut-il que je vous aie cru raisonnable ? Pourquoi vous ai-je vu ? Est-ce que je mérite tout ce que vous me dites ? Pouvez-vous vous plaindre de moi, ne vous aimé-je pas assez ? Lélio doit-il vous chagriner, l'ai-je aimé autant que je vous aime ? Où est l'homme plus chéri que vous l'êtes, plus sûr, plus digne de l'être toujours ? Et rien ne vous persuade, et vous vous chagrinez, vous n'entendez rien, vous me désolez. Que voulez-vous que nous devenions ? Comment vivre avec cela, dites-moi donc ?

LE CHEVALIER. – Le succès de mes impertinences me surprend. C'en est fait, Comtesse, votre douleur me rend mon repos et ma joie. Combien de choses tendres ne venez-vous pas de me dire ! Cela est inconcevable, je suis charmé. Reprenons notre humeur gaie, allons, oublions tout ce qui s'est passé.

LA COMTESSE. – Mais pourquoi est-ce que je vous aime tant, qu'avez-vous fait pour cela ?

LE CHEVALIER. – Hélas ! moins que rien, tout vient de votre bonté.

LA COMTESSE. – C'est que vous êtes plus aimable qu'un autre, apparemment.

LE CHEVALIER. – Pour tout ce qui n'est pas comme vous, je le serais peut-être assez ; mais je ne suis rien pour ce qui vous ressemble. Non, je ne pourrai jamais payer votre amour ; en vérité, je n'en suis pas digne.

LA COMTESSE. – Comment donc faut-il être fait pour le mériter ?

LE CHEVALIER. – Oh ! voilà ce que je ne vous dirai pas.

LA COMTESSE. – Aimez-moi toujours, et je suis contente.

LE CHEVALIER. – Pourrez-vous soutenir un goût si sobre ?

LA COMTESSE. – Ne m'affligez plus, et tout ira bien.

LE CHEVALIER. – Je vous le promets, mais que Lélio s'en aille.

LA COMTESSE. – J'aurais souhaité qu'il prît son parti de lui-même à cause du dédit ; ce serait dix mille écus que je vous sauverais, Chevalier ; car enfin c'est votre bien que je ménage.

LE CHEVALIER. – Périssent tous les biens du monde, et qu'il parte ; rompez avec lui la première, voilà mon bien.

LA COMTESSE. – Faites-y réflexion.

LE CHEVALIER. – Vous hésitez encore, vous avez peine à me le sacrifier. Est-ce là comme on aime ? Oh ! qu'il vous manque encore de choses pour ne laisser rien à souhaiter à un homme comme moi.

LA COMTESSE. – Eh bien, il ne me manquera plus rien, consolez-vous.

LE CHEVALIER. – Il vous manquera toujours pour moi.

LA COMTESSE. – Non, je me rends, je renverrai Lélio, et vous dicterez son congé.

LE CHEVALIER. – Lui direz-vous qu'il se retire sans cérémonie ?

LA COMTESSE. – Oui.

LE CHEVALIER. – Non, ma chère Comtesse, vous ne le renverrez pas, il me suffit que vous y consentiez ; votre amour est à toute épreuve, et je dispense votre politesse d'aller plus loin, c'en serait trop, c'est à moi à avoir soin de vous quand vous vous oubliez pour moi.

LA COMTESSE. – Je vous aime, cela veut tout dire.

LE CHEVALIER. – M'aimer, cela n'est pas assez, Comtesse ; distinguez-moi un peu de Lélio, à qui vous l'avez dit peut-être aussi.

LA COMTESSE. – Que voulez-vous donc que je vous dise ?

LE CHEVALIER. – Un *je vous adore* ; aussi bien il vous échappera demain ; avancez-le-moi d'un jour, contentez ma petite fantaisie, dites.

LA COMTESSE. – Je veux mourir, s'il ne me donne envie de le dire. Vous devriez être honteux d'exiger cela, au moins.

LE CHEVALIER. – Quand vous me l'aurez dit, je vous en demanderai pardon.

LA COMTESSE. – Je crois qu'il me persuadera.

LE CHEVALIER. – Allons, mon cher amour, régalez ma tendresse de ce petit trait-là, vous ne risquez rien avec moi, laissez sortir ce mot-là de votre belle bouche ; voulez-vous que je lui donne un baiser pour l'encourager ?

LA COMTESSE. – Ah çà ! laissez-moi ; ne serez-vous jamais content ? Je ne vous plaindrai rien, quand il en sera temps.

LE CHEVALIER. – Vous êtes attendrie, profitez de l'instant, je ne veux qu'un mot ; voulez-vous que je vous aide ? dites comme moi : Chevalier, je vous adore.

LA COMTESSE. – Chevalier, je vous adore. Il me fait faire tout ce qu'il veut.

LE CHEVALIER *(à part)*. – Mon sexe n'est pas mal faible. *(Haut.)* Ah ! que j'ai de plaisir, mon cher amour ! Encore une fois.

LA COMTESSE. – Soit, mais ne me demandez plus rien après.

LE CHEVALIER. – Eh ! que craignez-vous que je vous demande ?

LA COMTESSE. – Que sais-je, moi ? Vous ne finissez point. Taisez-vous.

LE CHEVALIER. – J'obéis ; je suis de bonne composition, et j'ai pour vous un respect que je ne saurais violer.

LA COMTESSE. – Je vous épouse ; en est-ce assez ?

LE CHEVALIER. – Bien plus qu'il ne me faut, si vous me rendez justice.

LA COMTESSE. – Je suis prête à vous jurer une fidélité éternelle, et je perds les dix mille écus* de bon cœur.

LE CHEVALIER. – Non, vous ne les perdrez point, si vous faites ce que je vais vous dire. Lélio viendra certainement vous presser d'opter entre lui et moi ; ne manquez pas de lui dire que vous consentez à l'épouser. Je veux que vous le connaissiez à fond ; laissez-moi vous conduire, et sauvons le dédit ; vous verrez ce que c'est que cet homme-là. Le voici, je n'ai pas le temps de m'expliquer davantage.

LA COMTESSE. – J'en agirai comme vous le souhaitez.

Scène VII

LÉLIO, LA COMTESSE, LE CHEVALIER

LÉLIO. – Permettez, Madame, que j'interrompe pour un moment votre entretien avec Monsieur. Je ne viens point me plaindre et je n'ai qu'un mot à vous dire. J'aurais cependant un assez beau sujet de parler, et l'indifférence avec laquelle vous vivez avec moi, depuis que Monsieur, qui ne me vaut pas...

LE CHEVALIER. – Il a raison.

LÉLIO. – Finissons. Mes reproches sont raisonnables, mais je vous déplais ; je me suis promis de me taire, et je me tais, quoi qu'il m'en coûte. Que ne pourrais-je pas vous dire ? Pourquoi me trouvez-vous haïssable, pourquoi me fuyez-vous, que vous ai-je fait ? Je suis au désespoir.

LE CHEVALIER. – Ah ! ah ! ah ! ah ! ah !

LÉLIO. – Vous riez, Monsieur le chevalier, mais vous prenez mal votre temps, et je prendrai le mien pour vous répondre.

LE CHEVALIER. – Ne te fâche point, Lélio, tu n'avais qu'un mot à dire, qu'un petit mot, et en voilà plus de cent de bon compte et rien ne s'avance ; cela me réjouit.

LA COMTESSE. – Remettez-vous, Lélio, et dites-moi tranquillement ce que vous voulez.

LÉLIO. – Vous prier de m'apprendre qui de nous deux il vous plaît de conserver, de Monsieur ou de moi. Prononcez, Madame, mon cœur ne peut plus souffrir d'incertitude.

LA COMTESSE. – Vous êtes vif, Lélio, mais la cause de votre vivacité est pardonnable, et je vous veux plus de bien que vous ne pensez. Chevalier, nous avons jusqu'ici plaisanté ensemble, il est temps que cela finisse ; vous m'avez parlé de votre amour, je serais fâchée qu'il fût sérieux ; je dois ma main à Lélio, et je suis prête à recevoir la sienne. Vous plaindrez-vous encore ?

LÉLIO. – Non, Madame, vos réflexions sont à mon avantage ; et si j'osais...

LA COMTESSE. – Je vous dispense de me remercier, Lélio, je suis sûre de la joie que je vous donne *(À part.)* Sa contenance est plaisante.

UN VALET. – Voilà une lettre qu'on vient d'apporter de la poste, Madame.

LA COMTESSE. – Donnez. Voulez-vous bien que je me retire un moment pour la lire ? C'est de mon frère.

Scène VIII

LÉLIO, LE CHEVALIER

LÉLIO. – Que diantre signifie cela ? elle me prend au mot ; que dites-vous de ce qui se passe là ?

LE CHEVALIER. – Ce que j'en dis ? rien. Je crois que je rêve, et je tâche de me réveiller.

LÉLIO. – Me voilà en belle posture, avec sa main qu'elle m'offre, que je lui demande avec fracas, et dont je ne me soucie point. Mais ne me trompez-vous point ?

LE CHEVALIER. – Ah ! que dites-vous là ! Je vous sers loyalement, ou je ne suis pas soubrette. Ce que nous voyons là peut venir d'une chose : pendant que nous nous parlions, elle me soupçonnait d'avoir quelque inclination à Paris ; je me suis contenté de lui répondre galamment* là-dessus ; elle a tout d'un coup pris son sérieux, vous êtes entré sur-le-champ, et ce qu'elle en fait n'est sans doute qu'un reste de dépit, qui va se passer ; car elle m'aime.

LÉLIO. – Me voilà fort embarrassé.

LE CHEVALIER. – Si elle continue à vous offrir sa main, tout le remède que j'y trouve, c'est de lui dire que vous l'épouserez, quoique vous ne l'aimiez plus. Tournez-lui cette impertinence-là d'une manière polie ; ajoutez que si elle ne veut pas, le dédit sera son affaire.

LÉLIO. – Il y a bien du bizarre dans ce que tu me proposes là.

LE CHEVALIER. – Du bizarre ! Depuis quand êtes-vous si délicat ? Est-ce que vous reculez pour un mauvais procédé de plus qui vous sauve dix mille écus* ? Je ne vous aime plus, Madame, cependant je veux vous épouser ; ne le voulez-vous pas ? payez le dédit ; donnez-moi votre main ou de l'argent, voilà tout.

Scène IX

LÉLIO, LA COMTESSE, LE CHEVALIER

LA COMTESSE. – Lélio, mon frère ne viendra pas si tôt. Ainsi, il n'est plus question de l'attendre, et nous finirons quand vous voudrez.

LE CHEVALIER *(bas, à Lélio)*. – Courage, encore une impertinence, et puis c'est tout.

LÉLIO. – Ma foi, Madame, oserais-je vous parler franchement ? Je ne trouve plus mon cœur dans sa situation ordinaire.

LA COMTESSE. – Comment donc ! expliquez-vous ; ne m'aimez-vous plus ?

LÉLIO. – Je ne dis pas cela tout à fait, mais mes inquiétudes ont un peu rebuté mon cœur.

LA COMTESSE. – Et que signifie donc ce grand étalage de transports que vous venez de me faire ? Qu'est devenu votre désespoir, n'était-ce qu'une passion de théâtre ? Il semblait que vous alliez mourir, si je n'y avais mis ordre. *Expliquez-vous, Madame ; je n'en puis plus, je souffre...*

LÉLIO. – Ma foi, Madame, c'est que je croyais que je ne risquerais rien, et que vous me refuseriez.

LA COMTESSE. – Vous êtes un excellent comédien ; et le dédit, qu'en ferons-nous, Monsieur ?

LÉLIO. – Nous le tiendrons, Madame, j'aurai l'honneur de vous épouser.

LA COMTESSE. – Quoi donc ! vous m'épouserez, et vous ne m'aimez plus !

LÉLIO. – Cela n'y fait de rien, Madame, cela ne doit pas vous arrêter.

LA COMTESSE. – Allez, je vous méprise, et ne veux point de vous.

LÉLIO. – Et le dédit, Madame, vous voulez donc bien l'acquitter ?

LA COMTESSE. – Qu'entends-je, Lélio ? Où est la probité ?

LE CHEVALIER. – Monsieur ne pourra guère vous en dire des nouvelles, je ne crois pas qu'elle soit de sa connaissance. Mais il n'est pas juste qu'un misérable dédit vous brouille ensemble ; tenez, ne vous gênez plus ni l'un ni l'autre ; le voilà rompu. Ah ! ah ! ah !

LÉLIO. – Ah ! fourbe !

LE CHEVALIER. – Ah ! ah ! ah ! consolez-vous, Lélio, il vous reste une demoiselle de douze mille livres* de rente, ah ! ah ! On vous a écrit qu'elle était belle ; on vous a trompé, car la voilà, mon visage est l'original du sien.

LA COMTESSE. – Ah ! juste ciel !

LE CHEVALIER. – Ma métamorphose n'est pas du goût de vos tendres sentiments, ma chère Comtesse. Je vous aurais menée assez loin, si j'avais pu vous tenir compagnie : voilà bien de l'amour de perdu, mais en revanche, voilà une bonne somme de sauvée ; je vous conterai le joli petit tour qu'on voulait vous jouer.

LA COMTESSE. – Je n'en connais point de plus triste que celui que vous me jouez vous-même.

LE CHEVALIER. – Consolez-vous : vous perdez d'aimables espérances, je ne vous les avais données que pour votre bien. Regardez le chagrin qui vous arrive comme une petite punition de votre inconstance : vous avez quitté Lélio moins par raison que par légèreté, et cela mérite un peu de correction. À votre égard, seigneur Lélio, voici votre bague ; vous me l'avez donnée de bon cœur, et j'en dispose en faveur de Trivelin et d'Arlequin ; tenez, mes enfants, vendez cela et partagez-en l'argent.

TRIVELIN et ARLEQUIN. – Grand merci.

TRIVELIN. – Voici les musiciens qui viennent vous donner la fête qu'ils ont promise.

LE CHEVALIER. – Voyez-la, puisque vous êtes ici. Vous partirez après ; ce sera toujours autant de pris.

Divertissement

Cet amour dont nos cœurs se laissent enflammer,
Ce charme si touchant, ce doux plaisir d'aimer,

Est le plus grand des biens que le ciel nous dispense.
Livrons-nous donc sans résistance
À l'objet qui vient nous charmer.
Au milieu des transports dont il remplit notre âme,
Jurons-lui mille fois une éternelle flamme.
Mais n'inspire-t-il plus ces aimables transports ?
Trahissons aussitôt nos serments sans remords.
Ce n'est plus à l'objet qui cesse de nous plaire
Que doivent s'adresser les serments qu'on a faits,
C'est à l'Amour qu'on les fit faire,
C'est lui qu'on a juré de ne quitter jamais.

Premier couplet

Jurer d'aimer toute sa vie,
N'est pas un rigoureux tourment.
Savez-vous ce qu'il signifie ?
Ce n'est ni Philis, ni Silvie,
Que l'on doit aimer constamment,
C'est l'objet qui nous fait envie.

Deuxième couplet

Amants*, si votre caractère,
Tel qu'il est, se montrait à nous,
Quel parti prendre, et comment faire ?
Le célibat est bien austère :
Faudrait-il se passer d'époux ?
Mais il nous est trop nécessaire.

Troisième couplet

Mesdames, vous allez conclure
Que tous les hommes sont maudits ;
Mais doucement et point d'injure ;
Quand nous ferons votre peinture,
Elle est, je vous en avertis,
Cent fois plus drôle, je vous jure.

L'ÉCOLE DES MÈRES

Comédie en un acte et en prose
représentée pour la première fois
par les Comédiens Italiens
le 25 juillet 1732

PERSONNAGES

MADAME ARGANTE.
ANGÉLIQUE, fille de Madame Argante.
LISETTE, suivante d'Angélique.
ÉRASTE, amant d'Angélique, sous le nom de La Ramée.
DAMIS, père d'Éraste, autre amant d'Angélique.
FRONTIN, valet de Madame Argante.
CHAMPAGNE, valet de Monsieur Damis.

La scène est dans l'appartement de Madame Argante.

Scène première

ÉRASTE, *sous le nom de La Ramée, et avec une livrée,*
LISETTE

LISETTE. – Oui, vous voilà fort bien déguisé, et avec cet habit-là vous disant mon cousin, je crois que vous pouvez paraître ici en toute sûreté ; il n'y a que votre air qui n'est pas trop d'accord avec la livrée.

ÉRASTE. – Il n'y a rien à craindre ; je n'ai pas même, en entrant, fait mention de notre parenté. J'ai dit que je voulais te parler, et l'on m'a répondu que je te trouverais ici, sans m'en demander davantage.

LISETTE. – Je crois que vous devez être content du zèle avec lequel je vous sers, je m'expose à tout, et ce que je fais pour vous n'est pas trop dans l'ordre ; mais vous êtes un honnête homme : vous aimez ma jeune maîtresse, elle vous aime ; je crois qu'elle sera plus heureuse avec vous qu'avec celui que sa mère lui destine, et cela calme un peu mes scrupules.

ÉRASTE. – Elle m'aime, dis-tu ? Lisette, puis-je me flatter d'un si grand bonheur ? Moi qui ne l'ai vue qu'en passant dans nos promenades, qui ne lui ai prouvé mon amour que par mes regards, et qui n'ai pu lui parler que deux fois pendant que sa mère s'écartait avec d'autres dames, elle m'aime ?

LISETTE. – Très tendrement ; mais voici un domestique de la maison qui vient ; c'est Frontin, qui ne me hait pas, faites bonne contenance.

Scène II

FRONTIN, LISETTE, ÉRASTE

FRONTIN. – Ah ! te voilà, Lisette. Avec qui es-tu donc là ?

LISETTE. – Avec un de mes parents qui s'appelle La Ramée, et dont le maître, qui est ordinairement en province, est venu ici pour affaire ; et il profite du séjour qu'il y fait pour me voir.

FRONTIN. – Un de tes parents, dis-tu ?

LISETTE. – Oui.

FRONTIN. – C'est-à-dire un cousin.

LISETTE. – Sans doute.

FRONTIN. – Hum ! il a l'air d'un cousin de bien loin ; il n'a point la tournure d'un parent, ce garçon-là.

LISETTE. – Qu'est-ce que tu veux dire avec ta tournure ?

FRONTIN. – Je veux dire que ce n'est, par ma foi, que de la fausse monnaie que tu me donnes, et que si le diable emportait ton cousin, il ne t'en resterait pas un parent de moins.

ÉRASTE. – Et pourquoi pensez-vous qu'elle vous trompe ?

FRONTIN. – Hum ! quelle physionomie de fripon ! Mons* de La Ramée, je vous avertis que j'aime Lisette, et que je veux l'épouser tout seul.

LISETTE. – Il est pourtant nécessaire que je lui parle pour une affaire de famille qui ne te regarde pas.

FRONTIN. – Oh ! parbleu ! que les secrets de ta famille s'accommodent*, moi je reste.

LISETTE. – Il faut prendre son parti, Frontin.

FRONTIN. – Après.

LISETTE. – Serais-tu capable de rendre service à un honnête homme qui t'en récompenserait bien ?

FRONTIN. – Honnête homme ou non, son honneur est de trop, dès qu'il récompense.

LISETTE. – Tu sais à qui Madame marie Angélique, ma maîtresse ?

FRONTIN. – Oui, je pense que c'est, à peu près, soixante ans qui en épousent dix-sept.

LISETTE. – Tu vois bien que ce mariage-là ne convient point.

FRONTIN. – Oui, il menace la stérilité, les héritiers en seront nuls, ou auxiliaires.

LISETTE. – Ce n'est qu'à regret qu'Angélique obéit, d'autant plus que le hasard lui a fait connaître un aimable homme qui a touché son cœur.

FRONTIN. – Le cousin La Ramée pourrait bien nous venir de là.

LISETTE. – Tu l'as dit ; c'est cela même.

ÉRASTE. – Oui, mon enfant, c'est moi.

FRONTIN. – Eh ! que ne le disiez-vous ? En ce cas-là, je vous pardonne votre figure, et je suis tout à vous. Voyons, que faut-il faire ?

ÉRASTE. – Rien que favoriser une entrevue que Lisette va me procurer ce soir, et tu seras content de moi.

FRONTIN. – Je le crois, mais qu'espérez-vous de cette entrevue ? Car on signe le contrat ce soir.

LISETTE. – Eh bien, pendant que la compagnie, avant le souper, sera dans l'appartement de Madame, Monsieur nous attendra dans cette salle-ci, sans lumière pour n'être point vu, et nous y viendrons, Angélique et moi, pour examiner le parti qu'il y aura à prendre.

FRONTIN. – Ce n'est pas de l'entretien dont je doute : mais à quoi aboutira-t-il ? Angélique est une Agnès élevée dans la plus sévère contrainte, et qui malgré son penchant pour vous, n'aura que des regrets, des larmes, et de la frayeur à vous donner : est-ce que vous avez dessein de l'enlever ?

ÉRASTE. – Ce serait un parti bien extrême.

FRONTIN. – Et dont l'extrémité ne vous ferait pas grand-peur, n'est-il pas vrai ?

LISETTE. – Pour nous, Frontin, nous ne nous chargeons que de faciliter l'entretien, auquel je serai présente ; mais de ce qu'on y résoudra, nous n'y trempons point, cela ne nous regarde pas.

FRONTIN. – Oh ! si fait, cela nous regarderait un peu, si cette petite conversation nocturne que nous leur ménageons dans la salle était découverte ; d'autant plus qu'une des portes de la salle aboutit au jardin, que du jardin on va à une petite porte qui rend dans la rue, et qu'à cause de la salle où nous les mettrons, nous répondrons de toutes ces petites portes-là, qui sont de notre connaissance. Mais tout coup* vaille ; pour se mettre à son aise, il faut quelquefois risquer son honneur ; il s'agit d'ailleurs d'une jeune victime qu'on veut sacrifier, et je crois qu'il est généreux d'avoir part à sa délivrance, sans s'embarrasser de quelle façon elle s'opérera : Monsieur payera bien, cela grossira ta dot, et nous ferons une action qui joindra l'utile au louable.

ÉRASTE. – Ne vous inquiétez de rien, je n'ai point envie d'enlever Angélique, et je ne veux que l'exciter à refuser l'époux qu'on lui destine : mais la nuit s'approche, où me retirerai-je en attendant le moment où je verrai Angélique ?

LISETTE. – Comme on ne sait encore qui vous êtes, en cas qu'on vous fît quelques questions, au lieu d'être mon cousin, soyez celui de Frontin, et retirez-vous dans sa chambre, qui est à côté de cette salle, et d'où Frontin pourra vous amener quand il faudra.

FRONTIN. – Oui-da, Monsieur, disposez de mon appartement.

LISETTE. – Allez tout à l'heure*, car il faut que je prévienne Angélique, qui assurément sera charmée de vous voir, mais qui ne sait pas que vous êtes ici, et à qui je dirai d'abord qu'il y a un domestique dans la chambre de Frontin qui demande à lui parler de votre part : mais sortez, j'entends quelqu'un qui vient.

FRONTIN. – Allons, cousin, sauvons-nous !

LISETTE. – Non, restez ; c'est la mère d'Angélique, elle vous verrait fuir, il vaut mieux que vous demeuriez.

Scène III

LISETTE, FRONTIN, ÉRASTE, MADAME ARGANTE

MADAME ARGANTE. – Où est ma fille, Lisette ?

LISETTE. – Apparemment qu'elle est dans sa chambre, Madame.

MADAME ARGANTE. – Qui est ce garçon-là ?

FRONTIN. – Madame, c'est un garçon de condition*, comme vous voyez, qui m'est venu voir, et à qui je m'intéresse, parce que nous sommes fils des deux frères ; il n'est pas content de son maître, ils se sont brouillés ensemble, et il vient me demander si je ne sais pas quelque maison dont il pût s'accommoder.

MADAME ARGANTE. – Sa physionomie est assez bonne ; chez qui avez-vous servi, mon enfant ?

ÉRASTE. – Chez un officier du régiment du Roi, Madame.

MADAME ARGANTE. – Eh bien, je parlerai de vous à Monsieur Damis, qui pourra vous donner à ma fille ; demeurez ici jusqu'à ce soir, et laissez-nous. Restez, Lisette !

Scène IV

MADAME ARGANTE, LISETTE

MADAME ARGANTE. – Ma fille vous dit assez volontiers ses sentiments, Lisette ; dans quelle disposition d'esprit est-elle pour le mariage que nous allons conclure ? Elle ne m'a marqué, du moins, aucune répugnance.

LISETTE. – Ah ! Madame, elle n'oserait vous en marquer, quand elle en aurait ; c'est une jeune et timide personne, à qui jusqu'ici son éducation n'a rien appris qu'à obéir.

MADAME ARGANTE. – C'est, je pense, ce qu'elle pouvait apprendre de mieux à son âge.

LISETTE. – Je ne dis pas le contraire.

MADAME ARGANTE. – Mais enfin, vous paraît-elle contente ?

LISETTE. – Y peut-on rien connaître ? vous savez qu'à peine ose-t-elle lever les yeux tant elle a peur de sortir de cette modestie sévère que vous voulez qu'elle ait ; tout ce que j'en sais, c'est qu'elle est triste.

MADAME ARGANTE. – Oh ! je le crois, c'est une marque qu'elle a le cœur bon ; elle va se marier, elle me quitte, elle m'aime, et notre séparation lui est douloureuse.

LISETTE. – Eh ! eh ! ordinairement pourtant une fille qui va se marier est assez gaie.

MADAME ARGANTE. – Oui, une fille dissipée, élevée dans un monde coquet, qui a plus entendu parler d'amour que de vertu, et que mille jeunes étourdis ont eu l'impertinente liberté d'entretenir de cajoleries ; mais une fille retirée, qui vit sous les yeux de sa mère, et dont rien n'a gâté ni le cœur ni l'esprit, ne laisse pas que d'être alarmée quand elle change d'état. Je connais Angélique, et la simplicité de ses mœurs ; elle n'aime pas le monde, et je suis sûre qu'elle ne me quitterait jamais, si je l'en laissais la maîtresse.

LISETTE. – Cela est singulier !

MADAME ARGANTE. – Oh ! j'en suis sûre. À l'égard du mari que je lui donne, je ne doute pas qu'elle n'approuve mon choix ; c'est un homme très riche, très raisonnable.

LISETTE. – Pour raisonnable, il a eu le temps de le devenir.

MADAME ARGANTE. – Oui, un peu vieux, à la vérité, mais doux, mais complaisant, attentif, aimable.

LISETTE. – Aimable ! Prenez donc garde, Madame, il a soixante ans, cet homme.

MADAME ARGANTE. – Il est bien question de l'âge d'un mari avec une fille élevée comme la mienne.

LISETTE. – Oh ! s'il n'en est pas question avec Mademoiselle votre fille, il n'y aura guère eu de prodige de cette force-là !

MADAME ARGANTE. – Qu'entendez-vous avec votre prodige ?

LISETTE. – J'entends qu'il faut, le plus qu'on peut, mettre la vertu des gens à son aise, et que celle d'Angélique ne sera pas sans fatigue.

MADAME ARGANTE. – Vous avez de sottes idées, Lisette ; les inspirez-vous à ma fille ?

LISETTE. – Oh ! que non, Madame, elle les trouvera bien sans que je m'en mêle.

MADAME ARGANTE. – Et pourquoi, de l'humeur dont elle est, ne serait-elle pas heureuse ?

LISETTE. – C'est qu'elle ne sera point de l'humeur dont vous dites, cette humeur-là n'est nulle part.

MADAME ARGANTE. – Il faudrait qu'elle l'eût bien difficile, si elle ne s'accommodait pas d'un homme qui l'adorera.

LISETTE. – On adore mal à son âge.

MADAME ARGANTE. – Qui ira au-devant de tous ses désirs.

LISETTE. – Ils seront donc bien modestes.

MADAME ARGANTE. – Taisez-vous, je ne sais de quoi je m'avise de vous écouter.

LISETTE. – Vous m'interrogez, et je vous réponds sincèrement.

MADAME ARGANTE. – Allez dire à ma fille qu'elle vienne.

LISETTE. – Il n'est pas besoin de l'aller chercher, Madame, la voilà qui passe et je vous laisse.

Scène V

ANGÉLIQUE, MADAME ARGANTE

MADAME ARGANTE. – Venez, Angélique, j'ai à vous parler.

ANGÉLIQUE, *modestement.* – Que souhaitez-vous, ma mère ?

MADAME ARGANTE. – Vous voyez, ma fille, ce que je fais aujourd'hui pour vous ; ne tenez-vous pas compte à ma tendresse du mariage avantageux que je vous procure ?

ANGÉLIQUE, *faisant la révérence.* – Je ferai tout ce qu'il vous plaira, ma mère.

MADAME ARGANTE. – Je vous demande si vous me savez gré du parti que je vous donne ? Ne trouvez-vous pas qu'il est heureux pour vous d'épouser un homme comme Monsieur Damis, dont la fortune, dont le caractère sûr et plein de raison, vous assurent une vie douce et paisible, telle qui convient à vos mœurs et aux sentiments que je vous ai toujours inspirés ? Allons, répondez, ma fille !

ANGÉLIQUE. – Vous me l'ordonnez donc ?

MADAME ARGANTE. – Oui, sans doute. Voyons, n'êtes-vous pas satisfaite de votre sort ?

ANGÉLIQUE. – Mais...

MADAME ARGANTE. – Quoi ! mais ! je veux qu'on me réponde raisonnablement ; je m'attends à votre reconnaissance, et non pas à des mais...

ANGÉLIQUE, *saluant.* – Je n'en dirai plus, ma mère.

MADAME ARGANTE. – Je vous dispense des révérences ; dites-moi ce que vous pensez.

ANGÉLIQUE. – Ce que je pense ?

MADAME ARGANTE. – Oui : comment regardez-vous le mariage en question ?

ANGÉLIQUE. – Mais...

MADAME ARGANTE. – Toujours des mais.

ANGÉLIQUE. – Je vous demande pardon ; je n'y songeais pas, ma mère.

MADAME ARGANTE. – Eh bien, songez-y donc, et souvenez-vous qu'ils me déplaisent. Je vous demande quelles sont les dispositions de votre cœur dans cette conjoncture-ci. Ce n'est pas que je doute que vous soyez contente, mais je voudrais vous l'entendre dire vous-même.

ANGÉLIQUE. – Les dispositions de mon cœur ! Je tremble de ne pas répondre à votre fantaisie.

MADAME ARGANTE. – Et pourquoi n'y répondriez-vous pas à ma fantaisie ?

ANGÉLIQUE. – C'est que ce que je dirais vous fâcherait, peut-être.

MADAME ARGANTE. – Parlez bien, et je ne me fâcherai point. Est-ce que vous n'êtes point de mon sentiment ? Êtes-vous plus sage que moi ?

ANGÉLIQUE. – C'est que je n'ai point de dispositions dans le cœur.

MADAME ARGANTE. – Et qu'y avez-vous donc, Mademoiselle ?

ANGÉLIQUE. – Rien du tout.

MADAME ARGANTE. – Rien ! qu'est-ce que rien ? Ce mariage ne vous plaît donc pas ?

ANGÉLIQUE. – Non.

MADAME ARGANTE, *en colère.* – Comment, il vous déplaît ?

ANGÉLIQUE. – Non, ma mère.

MADAME ARGANTE. – Eh ! parlez donc ! car je commence à vous entendre : c'est-à-dire, ma fille, que vous n'avez point de volonté ?

ANGÉLIQUE. – J'en aurai pourtant une, si vous le voulez.

MADAME ARGANTE. – Il n'est pas nécessaire ; vous faites encore mieux d'être comme vous êtes ; de vous laisser conduire, et de vous en fier entièrement à moi. Oui, vous avez raison, ma fille, et ces dispositions d'indifférence sont les meilleures. Aussi voyez-vous que vous en êtes récompensée ; je ne vous donne pas un jeune extravagant qui vous négligerait peut-être au bout de quinze jours, qui dissiperait son bien et le vôtre, pour courir après mille passions libertines ; je vous marie à un homme sage, à un homme dont le cœur est sûr, et qui saura tout le prix de la vertueuse innocence du vôtre.

ANGÉLIQUE. – Pour innocente, je le suis.

MADAME ARGANTE. – Oui, grâces à mes soins, je vous vois telle que j'ai toujours souhaité que vous fussiez ; comme il vous est familier de remplir vos devoirs, les vertus dont vous allez avoir besoin ne vous coûteront rien ; et voici les plus essentielles ; c'est d'abord, de n'aimer que votre mari.

ANGÉLIQUE. – Et si j'ai des amis, qu'en ferai-je ?

MADAME ARGANTE. – Vous n'en devez point avoir d'autres que ceux de Monsieur Damis, aux volontés de qui vous vous conformerez toujours, ma fille ; nous sommes sur ce pied-là dans le mariage.

ANGÉLIQUE. – Ses volontés ! Et que deviendront les miennes ?

MADAME ARGANTE. – Je sais que cet article-là a quelque chose d'un peu mortifiant, mais il faut s'y rendre, ma fille ; c'est une espèce de loi qu'on nous a imposée, et qui dans le fond nous fait honneur ; car entre deux personnes qui vivent ensemble, c'est toujours la plus raisonnable qu'on charge d'être la plus docile, et cette docilité-là vous sera facile ; car vous n'avez jamais eu de volonté avec moi, vous ne connaissez que l'obéissance.

ANGÉLIQUE. – Oui, mais mon mari ne sera pas ma mère.

MADAME ARGANTE. – Vous lui devez encore plus qu'à moi, Angélique, et je suis sûre qu'on n'aura rien à vous reprocher là-dessus. Je vous laisse, songez à tout ce que je vous ai dit ; et surtout, gardez ce goût de retraite, de solitude, de modestie, de pudeur qui me charme en vous ; ne plaisez qu'à votre mari, et restez dans cette simplicité qui ne vous laisse ignorer que le mal. Adieu, ma fille.

Scène VI

ANGÉLIQUE, LISETTE

ANGÉLIQUE, *un moment seule.* – Qui ne me laisse ignorer que le mal ! Et qu'en sait-elle ? Elle l'a donc appris ? Eh bien, je veux l'apprendre aussi.

LISETTE, *survient.* – Eh bien, Mademoiselle, à quoi en êtes-vous ?

ANGÉLIQUE. – J'en suis à m'affliger, comme tu vois.

LISETTE. – Qu'avez-vous dit à votre mère ?

ANGÉLIQUE. – Eh ! tout ce qu'elle a voulu.

LISETTE. – Vous épouserez donc Monsieur Damis ?

ANGÉLIQUE. – Moi, l'épouser ? Je t'assure que non ; c'est bien assez qu'il m'épouse.

LISETTE. – Oui, mais vous n'en serez pas moins sa femme.

ANGÉLIQUE. – Eh bien, ma mère n'a qu'à l'aimer pour nous deux, car pour moi, je n'aimerai jamais qu'Éraste.

LISETTE. – Il le mérite bien.

ANGÉLIQUE. – Oh ! pour cela oui. C'est lui qui est aimable*, qui est complaisant, et non pas ce Monsieur Damis, que ma mère a été prendre je ne sais où, qui ferait bien mieux d'être mon grand-père que mon mari ; qui me glace quand il me parle, et qui m'appelle toujours ma belle personne ; comme si on s'embarrassait beaucoup d'être belle ou laide avec lui : au lieu que tout ce que me dit Éraste est si touchant, on voit que c'est du fond du cœur qu'il parle ; et j'aimerais mieux être sa femme seulement huit jours, que de l'être toute ma vie de l'autre.

LISETTE. – On dit qu'il est au désespoir, Éraste.

ANGÉLIQUE. – Eh ! comment veut-il que je fasse ? Hélas ! je sais bien qu'il sera inconsolable : n'est-on pas bien à plaindre quand on s'aime tant, de n'être pas ensemble ? Ma mère dit qu'on est obligé d'aimer son mari ; eh bien, qu'on me donne Éraste : je l'aimerai tant qu'on voudra, puisque je l'aime avant que d'y être obligée ; je n'aurai garde d'y manquer quand il le faudra, cela me sera bien commode.

LISETTE. – Mais avec ces sentiments-là, que ne refusez-vous courageusement Damis ? il est encore temps ; vous êtes d'une vivacité étonnante avec moi, et vous tremblez devant votre mère. Il faudrait lui dire ce soir : Cet homme-là est trop vieux pour moi ; je ne l'aime point, je le hais, je le haïrai, et je ne saurais l'épouser.

ANGÉLIQUE. – Tu as raison : mais quand ma mère me parle, je n'ai plus d'esprit ; cependant je sens que j'en ai assurément ; et j'en aurais bien davantage si elle avait voulu ; mais n'être jamais qu'avec elle, n'entendre que des préceptes qui me lassent, ne faire que des lectures qui m'ennuient, est-ce là le moyen d'avoir de l'esprit ? Qu'est-ce que cela apprend ? Il y a des petites filles de sept ans qui sont plus avancées que moi. Cela n'est-il pas ridicule ? je n'ose pas seulement ouvrir ma fenêtre. Voyez, je vous prie, de quel air on m'habille ? Suis-je vêtue comme une autre ? Regardez comme me voilà faite : ma mère appelle cela un habit modeste* : il n'y a donc de la modestie nulle part qu'ici ? car je ne vois que moi d'enveloppée comme cela ; aussi suis-je d'une enfance*, d'une curiosité ! Je ne porte point de ruban, mais qu'est-ce que ma mère y gagne ? que j'ai des émotions quand j'en aperçois. Elle ne m'a laissé voir personne, et avant que je connusse Éraste, le cœur me battait quand j'étais regardée par un jeune homme. Voilà pourtant ce qui m'est arrivé.

LISETTE. – Votre naïveté me fait rire.

ANGÉLIQUE. – Mais est-ce que je n'ai pas raison ? Serait-ce de même si j'avais joui d'une liberté honnête* ? En vérité, si je n'avais pas le cœur bon, tiens, je crois que je haïrais ma mère d'être cause que j'ai des émotions pour des choses dont je suis sûre que je ne me soucierais pas si je les avais. Aussi, quand je serai ma maîtresse ! laisse-moi faire, va... je veux savoir tout ce que les autres savent.

LISETTE. – Je m'en fie bien à vous.

ANGÉLIQUE. – Moi qui suis naturellement vertueuse, sais-tu bien que je m'endors quand j'entends parler de sagesse ? Sais-tu bien que je serai fort heureuse de n'être pas coquette ? Je ne la serai pourtant pas ; mais ma mère mériterait bien que je la devinsse.

LISETTE. – Ah ! si elle pouvait vous entendre, et jouir du fruit de sa sévérité ! Mais parlons d'autre chose. Vous aimez Éraste ?

ANGÉLIQUE. – Vraiment oui, je l'aime, pourvu qu'il n'y ait point de mal à avouer cela : car je suis si ignorante ! Je ne sais point ce qui est permis ou non, au moins.

LISETTE. – C'est un aveu sans conséquence avec moi.

ANGÉLIQUE. – Oh ! sur ce pied*-là je l'aime beaucoup, et je ne puis me résoudre à le perdre.

LISETTE. – Prenez donc une bonne résolution de n'être pas à un autre. Il y a ici un domestique à lui qui a une lettre à vous rendre de sa part.

ANGÉLIQUE, *charmée.* – Une lettre de sa part ! et tu ne m'en disais rien ! Où est-elle ? Oh ! que j'aurai de plaisir à la lire ! Donne-moi-la donc ! Où est ce domestique ?

LISETTE. – Doucement, modérez cet empressement-là ; cachez-en du moins une partie à Éraste : si par hasard vous lui parliez, il y aurait du trop.

ANGÉLIQUE. – Oh ! dame, c'est encore ma mère qui en est cause. Mais est-ce que je pourrai le voir ? Tu me parles de lui et de sa lettre, et je ne vois ni l'un ni l'autre.

Scène VII

LISETTE, ANGÉLIQUE, FRONTIN, ÉRASTE

LISETTE, *à Angélique.* – Tenez, voici ce domestique que Frontin nous amène.

ANGÉLIQUE. – Frontin ! Ne dira-t-il rien à ma mère ?

LISETTE. – Ne craignez rien, il est dans vos intérêts, et ce domestique passe pour son parent.

FRONTIN, *tenant une lettre.* – Le valet de Monsieur Éraste vous apporte une lettre que voici, Madame.

ANGÉLIQUE, *gravement.* – Donnez. *(À Lisette.)* Suis-je assez sérieuse ?

LISETTE. – Fort bien.

ANGÉLIQUE *lit.* – « Que viens-je d'apprendre ! On dit que vous vous mariez ce soir. Si vous concluez sans me permettre de vous voir, je ne me soucie plus de la vie. » *(Et en s'interrompant.)* Il ne se soucie plus de la vie, Lisette ! *(Elle achève de lire.)* « Adieu ; j'attends votre réponse, et je me meurs. » *(Après qu'elle a lu.)* Cette lettre-là me pénètre ; il n'y a point de modération qui tienne, Lisette, il faut que je lui parle ; et je ne veux pas qu'il meure. Allez lui dire qu'il vienne, on le fera entrer comme on pourra.

ÉRASTE, *se jetant à ses genoux.* – Vous ne voulez point que je meure, et vous vous mariez, Angélique !

ANGÉLIQUE. – Ah ! c'est vous, Éraste ?

ÉRASTE. – À quoi vous déterminez-vous donc ?

ANGÉLIQUE. – Je ne sais ; je suis trop émue pour vous répondre. Levez-vous.

ÉRASTE, *se levant.* – Mon désespoir vous touchera-t-il ?

ANGÉLIQUE. – Est-ce que vous n'avez pas entendu ce que j'ai dit ?

ÉRASTE. – Il m'a paru que vous m'aimiez un peu.

ANGÉLIQUE. – Non, non, il vous a paru mieux que cela ; car j'ai dit bien franchement que je vous aime :

mais il faut m'excuser, Éraste, car je ne savais pas que vous étiez là.

ÉRASTE. – Est-ce que vous seriez fâchée de ce qui vous est échappé ?

ANGÉLIQUE. – Moi, fâchée ! Au contraire, je suis bien aise que vous l'ayez appris, sans qu'il y ait de ma faute ; je n'aurai plus la peine de vous le cacher.

FRONTIN. – Prenez garde qu'on ne vous surprenne.

LISETTE. – Il a raison ; je crois que quelqu'un vient ; retirez-vous, Madame.

ANGÉLIQUE. – Mais je crois que vous n'avez pas eu le temps de me dire tout.

ÉRASTE. – Hélas ! Madame, je n'ai encore fait que vous voir ; et j'ai besoin d'un entretien pour vous résoudre à me sauver la vie.

ANGÉLIQUE, *en s'en allant.* – Ne lui donneras-tu pas le temps de me résoudre, Lisette ?

LISETTE. – Oui, Frontin et moi nous aurons soin de tout : vous allez vous revoir bientôt ; mais retirez-vous.

Scène VIII

LISETTE, FRONTIN, ÉRASTE, CHAMPAGNE

LISETTE. – Qui est-ce qui entre là ? c'est le valet de Monsieur Damis.

ÉRASTE, *vite.* – Eh ! d'où le connaissez-vous ? c'est le valet de mon père, et non pas de Monsieur Damis qui m'est inconnu.

LISETTE. – Vous vous trompez ; ne vous déconcertez pas.

CHAMPAGNE. – Bonsoir, la jolie fille, bonsoir, Messieurs : je viens attendre ici mon maître qui m'envoie dire qu'il va venir ; et je suis charmé d'une rencontre... *(En regardant Éraste.)* Mais comment appelez-vous Monsieur ?

ÉRASTE. – Vous importe-t-il de savoir que je m'appelle La Ramée ?

CHAMPAGNE. – La Ramée ? Et pourquoi est-ce que vous portez ce visage-là ?

ÉRASTE. – Pourquoi ? La belle question ! Parce que je n'en ai pas reçu d'autre. Adieu, Lisette : le début de ce butor-là m'ennuie.

Scène IX

CHAMPAGNE, FRONTIN, LISETTE

FRONTIN. – Je voudrais bien savoir à qui tu en as. Est-ce qu'il n'est pas permis à mon cousin La Ramée d'avoir son visage ?

CHAMPAGNE. – Je veux bien que Monsieur La Ramée en ait un ; mais il ne lui est pas permis de se servir de celui d'un autre.

LISETTE. – Comment, celui d'un autre ! Qu'est-ce que cette folie-là ?

CHAMPAGNE. – Oui, celui d'un autre : en un mot, cette mine-là ne lui appartient point ; elle n'est point à sa place ordinaire, ou bien j'ai vu la pareille à quelqu'un que je connais.

FRONTIN, *riant.* – C'est peut-être une physionomie à la mode, et La Ramée en aura pris une.

LISETTE, *riant.* – Voilà bien en effet les discours d'un butor comme toi, Champagne : est-ce qu'il n'y a pas mille gens qui se ressemblent ?

CHAMPAGNE. – Cela est vrai : mais qu'il appartienne à ce qu'il voudra, je ne m'en soucie guère ; chacun a le sien ; il n'y a que vous, Mademoiselle Lisette, qui n'avez celui de personne, car vous êtes plus jolie que tout le monde : il n'y a rien de si aimable que vous.

FRONTIN. – Halte-là ! laisse ce minois-là en repos, ton éloge le déshonore.

CHAMPAGNE. – Ah ! Monsieur Frontin, ce que j'en dis, c'est en cas que vous n'aimiez pas Lisette, comme cela peut arriver ; car chacun n'est pas du même goût.

FRONTIN. – Paix, vous dis-je ; car je l'aime.
CHAMPAGNE. – Et vous, Mademoiselle Lisette ?
LISETTE. – Tu joues de malheur, car je l'aime.
CHAMPAGNE. – Je l'aime, partout je l'aime. Il n'y aura donc rien pour moi ?
LISETTE, *en s'en allant.* – Une révérence de ma part.
FRONTIN, *en s'en allant.* – Des injures de la mienne, et quelques coups de poing, si tu veux.
CHAMPAGNE. – Ah ! n'ai-je pas fait là une belle fortune ?

Scène X

MONSIEUR DAMIS, CHAMPAGNE

MONSIEUR DAMIS. – Ah ! te voilà !
CHAMPAGNE. – Oui, Monsieur ; on vient de m'apprendre qu'il n'y a rien pour moi, et ma part ne me donne pas une bonne opinion de la vôtre.
MONSIEUR DAMIS. – Qu'entends-tu par là ?
CHAMPAGNE. – C'est que Lisette ne veut point de moi ; et outre cela, j'ai vu la physionomie de Monsieur votre fils sur le visage d'un valet.
MONSIEUR DAMIS. – Je n'y comprends rien. Laisse-nous ; voici Madame Argante et Angélique.

Scène XI

MADAME ARGANTE, ANGÉLIQUE,
MONSIEUR DAMIS

MADAME ARGANTE. – Vous venez, sans doute, d'arriver, Monsieur ?
MONSIEUR DAMIS. – Oui, Madame, en ce moment.
MADAME ARGANTE. – Il y a déjà bonne compagnie assemblée chez moi, c'est-à-dire, une partie de ma

famille, avec quelques-uns de nos amis, car pour les vôtres, vous n'avez pas voulu leur confier votre mariage.

MONSIEUR DAMIS. – Non, Madame, j'ai craint qu'on n'enviât mon bonheur et j'ai voulu me l'assurer en secret. Mon fils même ne sait rien de mon dessein : et c'est à cause de cela que je vous ai prié de vouloir bien me donner le nom de Damis, au lieu de celui d'Orgon qu'on mettra dans le contrat.

MADAME ARGANTE. – Vous êtes le maître, Monsieur ; au reste, il n'appartient point à une mère de vanter sa fille ; mais je crois vous faire un présent digne d'un honnête homme comme vous. Il est vrai que les avantages que vous lui faites...

MONSIEUR DAMIS. – Oh ! Madame, n'en parlons point, je vous prie ; c'est à moi à vous remercier toutes deux, et je n'ai pas dû espérer que cette belle personne fît grâce au peu que je vaux.

ANGÉLIQUE, *à part.* – Belle personne !

MONSIEUR DAMIS. – Tous les trésors du monde ne sont rien au prix de la beauté et de la vertu qu'elle m'apporte en mariage.

MADAME ARGANTE. – Pour de la vertu, vous lui rendez justice. Mais, Monsieur, on vous attend ; vous savez que j'ai permis que nos amis se déguisassent, et fissent une espèce de petit bal tantôt ; le voulez-vous bien ? C'est le premier que ma fille aura vu.

MONSIEUR DAMIS. – Comme il vous plaira, Madame.

MADAME ARGANTE. – Allons donc joindre la compagnie.

MONSIEUR DAMIS. – Oserais-je auparavant vous prier d'une chose, Madame ? Daignez, à la faveur de notre union prochaine, m'accorder un petit moment d'entretien avec Angélique ; c'est une satisfaction que je n'ai pas eue jusqu'ici.

MADAME ARGANTE. – J'y consens, Monsieur, on ne peut vous le refuser dans la conjoncture présente ; et ce n'est pas apparemment pour éprouver le cœur de ma fille ? il n'est pas encore temps qu'il se déclare tout à fait ; il doit vous suffire qu'elle obéit sans répugnance : et c'est ce que vous pouvez dire à Monsieur, Angélique ; je vous le permets, entendez-vous ?

ANGÉLIQUE. – J'entends, ma mère.

Scène XII

ANGÉLIQUE, MONSIEUR DAMIS

MONSIEUR DAMIS. – Enfin, charmante Angélique, je puis donc sans témoins vous jurer une tendresse éternelle : il est vrai que mon âge ne répond pas au vôtre.

ANGÉLIQUE. – Oui, il y a bien de la différence.

MONSIEUR DAMIS. – Cependant on me flatte que vous acceptez ma main sans répugnance.

ANGÉLIQUE. – Ma mère le dit.

MONSIEUR DAMIS. – Et elle vous a permis de me le confirmer vous-même.

ANGÉLIQUE. – Oui, mais on n'est pas obligé d'user des permissions qu'on a.

MONSIEUR DAMIS. – Est-ce par modestie* ? est-ce par dégoût que vous me refusez l'aveu que je demande ?

ANGÉLIQUE. – Non, ce n'est pas par modestie.

MONSIEUR DAMIS. – Que me dites-vous là ! C'est donc par dégoût ?... Vous ne me répondez rien ?

ANGÉLIQUE. – C'est que je suis polie.

MONSIEUR DAMIS. – Vous n'auriez donc rien de favorable à me répondre ?

ANGÉLIQUE. – Il faut que je me taise encore.

MONSIEUR DAMIS. – Toujours par politesse ?

ANGÉLIQUE. – Oh ! toujours.

MONSIEUR DAMIS. – Parlez-moi franchement : est-ce que vous me haïssez ?

ANGÉLIQUE. – Vous embarrassez encore mon savoir-vivre. Seriez-vous bien aise, si je vous disais, oui ?

MONSIEUR DAMIS. – Vous pourriez dire, non.

ANGÉLIQUE. – Encore moins, car je mentirais.

MONSIEUR DAMIS. – Quoi ! vos sentiments vont jusqu'à la haine, Angélique ! J'aurais cru que vous vous contentiez de ne pas m'aimer.

ANGÉLIQUE. – Si vous vous en contentez, et moi aussi, et s'il n'est pas malhonnête d'avouer aux gens qu'on ne les aime point, je ne serai plus embarrassée.

MONSIEUR DAMIS. – Et vous me l'avoueriez !

ANGÉLIQUE. – Tant qu'il vous plaira.

MONSIEUR DAMIS. – C'est une répétition dont je ne suis point curieux ; et ce n'était pas là ce que votre mère m'avait fait entendre.

ANGÉLIQUE. – Oh ! vous pouvez vous en fier à moi ; je sais mieux cela que ma mère, elle a pu se tromper ; mais, pour moi, je vous dis la vérité.

MONSIEUR DAMIS. – Qui est que vous ne m'aimez point.

ANGÉLIQUE. – Oh ! du tout ; je ne saurais ; et ce n'est pas par malice*, c'est naturellement : et vous, qui êtes, à ce qu'on dit, un si honnête homme, si, en faveur de ma sincérité, vous vouliez ne me plus aimer et me laisser là, car aussi bien je ne suis pas si belle que vous le croyez, tenez, vous en trouverez cent qui vaudront mieux que moi.

MONSIEUR DAMIS, *les premiers mots à part.* – Voyons si elle aime ailleurs. Mon intention assurément n'est pas qu'on vous contraigne.

ANGÉLIQUE. – Ce que vous dites là est bien raisonnable, et je ferai grand cas de vous si vous continuez.

MONSIEUR DAMIS. – Je suis même fâché de ne l'avoir pas su plus tôt.

ANGÉLIQUE. – Hélas ! si vous me l'aviez demandé, je vous l'aurais dit.

MONSIEUR DAMIS. – Et il faut y mettre ordre.

ANGÉLIQUE. – Que vous êtes bon, et obligeant ! N'allez pourtant pas dire à ma mère que je vous ai confié que je ne vous aime point, parce qu'elle se mettrait en colère contre moi : mais faites mieux ; dites-lui seulement que vous ne me trouvez pas assez d'esprit* pour vous, que je n'ai pas tant de mérite que vous l'aviez cru, comme c'est la vérité ; enfin, que vous avez encore besoin de vous consulter : ma mère, qui est fort fière, ne manquera pas de se choquer, elle rompra tout, notre mariage ne se fera point, et je vous aurai, je vous jure, une obligation infinie.

MONSIEUR DAMIS. – Non, Angélique, non, vous êtes trop aimable ; elle se douterait que c'est vous qui ne me voulez pas, et tous ces prétextes-là ne valent rien, il n'y en a qu'un bon ; aimez-vous ailleurs ?

ANGÉLIQUE. – Moi, non ; n'allez pas le croire.

MONSIEUR DAMIS. – Sur ce pied*-là, je n'ai point d'excuse ; j'ai promis de vous épouser, et il faut que je tienne parole ; au lieu que, si vous aimiez quelqu'un, je ne lui dirais pas que vous me l'avez avoué ; mais seulement que je m'en doute.

ANGÉLIQUE. – Eh bien, doutez-vous-en donc.

MONSIEUR DAMIS. – Mais il n'est pas possible que je m'en doute, si cela n'est pas vrai, autrement ce serait être de mauvaise foi ; et malgré toute l'envie que j'ai de vous obliger, je ne saurais dire une imposture.

ANGÉLIQUE. – Allez, allez, n'ayez point de scrupule, vous parlerez en homme d'honneur.

MONSIEUR DAMIS. – Vous aimez donc ?

ANGÉLIQUE. – Mais ne me trahissez-vous point. Monsieur Damis ?

MONSIEUR DAMIS. – Je n'ai que vos véritables intérêts en vue.

ANGÉLIQUE. – Quel bon caractère ! Oh ! que je vous aimerais, si vous n'aviez que vingt ans !

MONSIEUR DAMIS. – Eh bien ?

ANGÉLIQUE. – Vraiment oui, il y a quelqu'un qui me plaît...

FRONTIN *arrive.* – Monsieur, je viens de la part de Madame, vous dire qu'on vous attend avec Mademoiselle.

MONSIEUR DAMIS. – Nous y allons. Et *(à Angélique)* où avez-vous connu celui qui vous plaît ?

ANGÉLIQUE. – Ah ! ne m'en demandez pas davantage ; puisque vous ne voulez que vous douter que j'aime, en voilà plus qu'il n'en faut pour votre probité, et je vais vous annoncer là-haut.

Scène XIII

MONSIEUR DAMIS, FRONTIN

MONSIEUR DAMIS, *les premiers mots à part.* – Ceci me chagrine ; mais je l'aime trop pour la céder à personne. Frontin ! Frontin ! approche, je voudrais te dire un mot.

FRONTIN. – Volontiers, Monsieur ; mais on est impatient de vous voir.

MONSIEUR DAMIS. – Je ne tarderai qu'un moment, viens, j'ai remarqué que tu es un garçon d'esprit*.

FRONTIN. – Eh ! j'ai des jours où je n'en manque pas.

MONSIEUR DAMIS. – Veux-tu me rendre un service dont je te promets que personne ne sera jamais instruit ?

FRONTIN. – Vous marchandez ma fidélité* ; mais je suis dans mon jour d'esprit, il n'y a rien à faire, je sens combien il faut être discret.

MONSIEUR DAMIS. – Je te payerai bien.

FRONTIN. – Arrêtez donc, Monsieur, ces débuts-là m'attendrissent toujours.

MONSIEUR DAMIS. – Voilà ma bourse.

FRONTIN. – Quel embonpoint séduisant ! Qu'il a l'air vainqueur !

MONSIEUR DAMIS. – Elle est à toi, si tu veux me confier ce que tu sais sur le chapitre d'Angélique. Je viens adroitement de lui faire avouer qu'elle a un amant ; et observée comme elle est par sa mère, elle ne peut ni l'avoir vu ni avoir de ses nouvelles que par le moyen des domestiques : tu t'en es peut-être mêlé toi-même, ou tu sais qui s'en mêle, et je voudrais écarter cet homme-là ; quel est-il ? où se sont-ils vus ? Je te garderai le secret.

FRONTIN, *prenant la bourse.* – Je résisterais à ce que vous me dites ; mais ce que vous tenez m'entraîne, et je me rends.

MONSIEUR DAMIS. – Parle.

FRONTIN. – Vous me demandez un détail que j'ignore ; il n'y a que Lisette qui soit parfaitement instruite de cette intrigue-là.

MONSIEUR DAMIS. – La fourbe !

FRONTIN. – Prenez garde, vous ne sauriez la condamner sans me faire mon procès : je viens de céder à un trait d'éloquence qu'on aura peut-être employé contre elle ; au reste, je ne connais le jeune homme en question que depuis une heure ; il est actuellement dans ma chambre ; Lisette en a fait mon parent, et dans quelques moments, elle doit l'introduire ici même où je suis chargé d'éteindre les bougies, et où elle doit arriver avec Angélique pour y traiter ensemble des moyens de rompre votre mariage.

MONSIEUR DAMIS. – Il ne tiendra donc qu'à toi que je sois pleinement instruit de tout.

FRONTIN. – Comment ?

MONSIEUR DAMIS. – Tu n'a qu'à souffrir que je me cache ici ; on ne m'y verra pas, puisque tu vas en ôter les lumières, et j'écouterai tout ce qu'ils diront.

FRONTIN. – Vous avez raison ; attendez, quelques amis de la maison qui sont là-haut, et qui veulent se déguiser après souper pour se divertir, ont fait apporter des dominos qu'on a mis dans le petit cabinet à côté de la salle, voulez-vous que je vous en donne un ?

MONSIEUR DAMIS. – Tu me feras plaisir.

FRONTIN. – Je cours vous le chercher, car l'heure approche.

MONSIEUR DAMIS. – Va.

Scène XIV

MONSIEUR DAMIS, FRONTIN

MONSIEUR DAMIS, *un moment seul.* – Je ne saurais mieux m'y prendre pour savoir de quoi il est question. Si je vois que l'amour d'Angélique aille à un certain point, il ne s'agit plus de mariage ; cependant je tremble. Qu'on est malheureux d'aimer à mon âge !

FRONTIN *revient.* – Tenez, Monsieur, voilà tout votre attirail, jusqu'à un masque ; c'est un visage qui ne vous donnera que dix-huit ans, vous ne perdrez rien au change, ajustez-vous vite : bon ! mettez-vous là et ne remuez pas ; voilà les lumières éteintes, bonsoir.

MONSIEUR DAMIS. – Écoute ; le jeune homme va venir, et je rêve à une chose ; quand Lisette et Angélique seront entrées, dis à la mère de ma part, que je la prie de se rendre ici sans bruit, cela ne te compromet point, et tu y gagneras.

FRONTIN. – Mais vous prenez donc cette commission-là à crédit ?

MONSIEUR DAMIS. – Va, ne t'embarrasse point.

FRONTIN, *il tâtonne.* – Soit. Je sors... J'ai de la peine à trouver mon chemin ; mais j'entends quelqu'un...

Scène XV

LISETTE, ÉRASTE, FRONTIN, MONSIEUR DAMIS

Lisette est à la porte avec Éraste pour entrer.

FRONTIN. – Est-ce toi, Lisette ?

LISETTE. – Oui, à qui parles-tu donc là ?

FRONTIN. – À la nuit, qui m'empêchait de retrouver la porte. Avec qui es-tu, toi ?

LISETTE. – Parle bas ; avec Éraste que je fais entrer dans la salle.

MONSIEUR DAMIS, *à part.* – Éraste !

FRONTIN. – Bon ! où est-il ? *(Il appelle.)* La Ramée !

ÉRASTE. – Me voilà.

FRONTIN, *le prenant par le bras.* – Tenez, Monsieur, marchez et promenez-vous du mieux que vous pourrez en attendant.

LISETTE. – Adieu, dans un moment je reviens avec ma maîtresse.

Scène XVI

ÉRASTE, MONSIEUR DAMIS, *caché.*

ÉRASTE. – Je ne saurais douter qu'Angélique ne m'aime ; mais sa timidité m'inquiète, et je crains de ne pouvoir l'enhardir à dédire sa mère.

MONSIEUR DAMIS, *à part.* – Est-ce que je me trompe ? c'est la voix de mon fils, écoutons.

ÉRASTE. – Tâchons de ne pas faire de bruit.

Il marche en tâtonnant.

MONSIEUR DAMIS. – Je crois qu'il vient à moi ; changeons de place.

ÉRASTE. – J'entends remuer du taffetas ; est-ce vous, Angélique ? est-ce vous ?

En disant cela, il attrape Monsieur Damis par le domino.

MONSIEUR DAMIS, *retenu.* – Doucement…

ÉRASTE. – Ah ! c'est vous-même !

MONSIEUR DAMIS, *à part.* – C'est mon fils.

ÉRASTE. – Eh bien, Angélique, me condamnerez-vous à mourir de douleur ? Vous m'avez dit tantôt que vous m'aimiez ; vos beaux yeux me l'ont confirmé par les regards les plus aimables et les plus tendres ; mais de quoi me servira d'être aimé, si je vous perds ? Au nom de notre amour, Angélique, puisque vous m'avez permis de me flatter du vôtre, gardez-vous à ma tendresse, je vous en conjure par ces charmes que le ciel semble n'avoir destinés que pour moi ; par cette main adorable sur qui je vous jure un amour éternel. *(Monsieur Damis veut retirer sa main.)* Ne la retirez pas, Angélique, et dédommagez Éraste du plaisir qu'il n'a point de voir vos beaux yeux, par l'assurance de n'être jamais qu'à lui ; parlez, Angélique.

MONSIEUR DAMIS, *à part, les premiers mots.* – J'entends du bruit. Taisez-vous, petit sot.

Et il se dégage d'Éraste.

ÉRASTE. – Juste ciel ! qu'entends-je ? Vous me fuyez ! Ah ! Lisette, n'es-tu pas là ?

Scène XVII

LISETTE *et* ANGÉLIQUE *qui entrent,*
MONSIEUR DAMIS, ÉRASTE

LISETTE. – Nous voici, Monsieur.

ÉRASTE. – Je suis au désespoir, ta maîtresse me fuit.

ANGÉLIQUE. – Moi, Éraste ? Je ne vous fuis point ; me voilà.

ÉRASTE. – Eh quoi ! ne venez-vous pas de me dire tout ce qu'il y a de plus cruel ?

ANGÉLIQUE. – Eh ! je n'ai encore dit qu'un mot.

ÉRASTE. – Il est vrai, mais il m'a marqué le dernier mépris.

ANGÉLIQUE. – Il faut que vous ayez mal entendu, Éraste : est-ce qu'on méprise les gens qu'on aime ?

LISETTE. – En effet, rêvez-vous, Monsieur ?

ÉRASTE. – Je n'y comprends donc rien ; mais vous me rassurez, puisque vous me dites que vous m'aimez ; daignez me le répéter encore.

Scène XVIII

MADAME ARGANTE, *introduite par* FRONTIN, LISETTE, ÉRASTE, ANGÉLIQUE, MONSIEUR DAMIS

ANGÉLIQUE. – Vraiment, ce n'est pas là l'embarras, et je vous le répéterais avec plaisir, mais vous le savez bien assez.

MADAME ARGANTE, *à part.* – Qu'entends-je ?

ANGÉLIQUE. – Et d'ailleurs on m'a dit qu'il fallait être plus retenue dans les discours qu'on tient à son amant.

ÉRASTE. – Quelle aimable franchise !

ANGÉLIQUE. – Mais je vais comme le cœur me mène, sans y entendre plus de finesse ; j'ai du plaisir à vous voir, et je vous vois, et s'il y a de ma faute à vous avouer si souvent que je vous aime, je la mets sur votre compte, et je ne veux point y avoir part.

ÉRASTE. – Que vous me charmez !

ANGÉLIQUE. – Si ma mère m'avait donné plus d'expérience ; si j'avais été un peu dans le monde, je vous aimerais peut-être sans vous le dire ; je vous ferais languir pour le savoir : je retiendrais mon cœur, cela n'irait pas si vite, et vous m'auriez déjà dit que je suis une ingrate ; mais je ne saurais la contrefaire. Mettez-vous à ma place, j'ai tant souffert de contrainte, ma mère m'a rendu la vie si triste, j'ai eu si peu de satisfaction, elle a tant mortifié mes sentiments, je suis si lasse de les cacher, que lorsque je suis contente, et que je le puis dire, je l'ai déjà dit avant que de savoir que j'ai parlé, c'est comme quelqu'un qui respire, et imaginez-vous à présent ce que c'est qu'une fille qui a toujours été gênée*, qui est avec vous, que vous aimez, qui ne vous hait pas, qui vous aime, qui est franche, qui n'a jamais eu le plaisir de dire ce qu'elle pense, qui ne pensera jamais rien de si touchant, et voyez si je puis résister à tout cela.

ÉRASTE. – Oui, ma joie, à ce que j'entends là, va jusqu'au transport ! Mais il s'agit de nos affaires ; j'ai le bonheur d'avoir un père raisonnable, à qui je suis aussi cher qu'il me l'est à moi-même, et qui, j'espère, entrera volontiers dans nos vues.

ANGÉLIQUE. – Pour moi, je n'ai pas le bonheur d'avoir une mère qui lui ressemble ; je ne l'en aime pourtant pas moins...

MADAME ARGANTE, *éclatant.* – Ah ! c'en est trop, fille indigne de ma tendresse !

ANGÉLIQUE. – Ah ! je suis perdue !

Ils s'écartent tous trois.

MADAME ARGANTE. – Vite, Frontin, qu'on éclaire, qu'on vienne ! *(En disant cela, elle avance et rencontre Monsieur Damis, qu'elle saisit par le domino, et continue.)* Ingrate ! est-ce là le fruit des soins que je me suis donné pour vous former à la vertu ? Ménager des intrigues à mon insu, vous plaindre d'une éducation qui m'occupait tout entière ! Eh bien, jeune extravagante, un couvent plus austère que moi me répondra des égarements de votre cœur.

Scène XIX et dernière

La lumière arrive avec FRONTIN *et autres domestiques avec des bougies.*

MONSIEUR DAMIS, *démasqué, à Madame Argante, et en riant.* – Vous voyez bien qu'on ne me recevrait pas au couvent.

MADAME ARGANTE. – Quoi ! c'est vous, Monsieur ? *(Et puis voyant Éraste avec sa livrée.)* Et ce fripon-là, que fait-il ici ?

MONSIEUR DAMIS. – Ce fripon-là, c'est mon fils, à qui, tout bien examiné, je vous conseille de donner votre fille.

MADAME ARGANTE. – Votre fils !

MONSIEUR DAMIS. – Lui-même. Approchez, Éraste ; tout ce que j'ai entendu vient de m'ouvrir les yeux sur l'imprudence de mes desseins ; conjurez Madame de vous être favorable, il ne tiendra pas à moi qu'Angélique ne soit votre épouse.

ÉRASTE, *se jetant aux genoux de son père.* – Que je vous ai d'obligation, mon père ! Nous pardonnerez-vous, Madame, tout ce qui vient de se passer ?

ANGÉLIQUE, *embrassant les genoux de Madame Argante.* – Puis-je espérer d'obtenir grâce ?

MONSIEUR DAMIS. – Votre fille a tort, mais elle est vertueuse, et à votre place je croirais devoir oublier tout, et me rendre.

MADAME ARGANTE. – Allons, Monsieur, je suivrai vos conseils, et me conduirai comme il vous plaira.

MONSIEUR DAMIS. – Sur ce pied*-là, le divertissement dont je prétendais vous amuser, servira pour mon fils.

Angélique embrasse Madame Argante de joie.

Divertissement

Air

Vous, qui sans cesse à vos fillettes
Tenez de sévères discours *(bis)*,
Mamans, de l'erreur où vous êtes
Le dieu d'amour se rit et se rira toujours *(bis)*.
Vos avis sont prudents, vos maximes sont sages ;
Mais malgré tant de soins, malgré tant de rigueur,
Vous ne pouvez d'un jeune cœur
Si bien fermer tous les passages,
Qu'il n'en reste toujours quelqu'un pour le vainqueur.

Vous qui sans cesse, etc.

Vaudeville

Mère qui tient un jeune objet*
Dans une ignorance profonde,
Loin du monde,
Souvent se trompe en son projet.
Elle croit que l'amour s'envole
Dès qu'il aperçoit un argus.
Quel abus !
Il faut l'envoyer à l'école.

Couplet

La beauté qui charme Damon
Se rit des tourments qu'il endure,
Il murmure ;
Moi, je trouve qu'elle a raison,
C'est un conteur de fariboles,
Qui n'ouvre point son coffre-fort,
Le butor !
Il faut l'envoyer à l'école.

Si mes soins pouvaient t'engager,
Me dit un jour le beau Sylvandre,
D'un air tendre.
Que ferais-tu ? dis-je au berger.
Il demeura comme une idole,
Et ne répondit pas un mot.
Le grand sot !
Il faut l'envoyer à l'école.

Claudine un jour dit à Lucas :
J'irai ce soir à la prairie,
Je vous prie
De ne point y suivre mes pas.
Il le promit, et tint parole.
Ah ! qu'il entend peu ce que c'est !
Le benêt !

Il faut l'envoyer à l'école.

L'autre jour à Nicole il prit
Une vapeur auprès de Blaise ;
Sur sa chaise
La pauvre enfant s'évanouit.
Blaise, pour secourir Nicole,
Fut chercher du monde aussitôt,
Le nigaud !
Il faut l'envoyer à l'école.

L'amant de la jeune Philis
Étant près de s'éloigner d'elle,
Chez la belle
Il envoie un de ses amis.
Vas-y, dit-il, et la console.
Il se fie à son confident.
L'imprudent !
Il faut l'envoyer à l'école.

Aminte, aux yeux de son barbon,
À son grand neveu cherche noise ;
La matoise
Veut le chasser de la maison.
L'époux la flatte et la cajole,
Pour faire rester son parent
L'ignorant !
Il faut l'envoyer à l'école.

LA MÈRE CONFIDENTE

Comédie en trois actes et en prose
représentée pour la première fois
par les Comédiens Italiens
le 9 mai 1735

PERSONNAGES

MADAME ARGANTE.
ANGÉLIQUE, sa fille.
LISETTE, sa suivante.
DORANTE, amant d'Angélique.
ERGASTE, son oncle.
LUBIN, paysan, valet de Madame Argante.

La scène se passe à la campagne, chez Madame Argante.

ACTE PREMIER

Scène première

DORANTE, LISETTE

DORANTE. – Quoi ! vous venez sans Angélique, Lisette ?

LISETTE. – Elle arrivera bientôt, elle est avec sa mère, je lui ai dit que j'allais toujours devant, et je ne me suis hâtée que pour avoir avec vous un moment d'entretien, sans qu'elle le sache.

DORANTE. – Que me veux-tu, Lisette ?

LISETTE. – Ah ! ça, Monsieur, nous ne vous connaissons, Angélique et moi, que par une aventure de promenade dans cette campagne.

DORANTE. – Il est vrai.

LISETTE. – Vous êtes tous deux aimables, l'amour s'est mis de la partie, cela est naturel, mais voilà sept ou huit entrevues que nous avons avec vous, à l'insu de tout le monde ; la mère, à qui vous êtes inconnu, pourrait à la fin en apprendre quelque chose, toute l'intrigue retomberait sur moi, terminons ; Angélique est riche, vous êtes tous deux d'une égale condition, à ce que vous dites ; engagez vos parents à la demander pour vous en mariage, il n'y a pas même de temps à perdre.

DORANTE. – C'est ici où gît la difficulté.

LISETTE. – Vous auriez de la peine à trouver un meilleur parti, au moins.

DORANTE. – Eh ! il n'est que trop bon.

LISETTE. – Je ne vous entends pas.

DORANTE. – Ma famille vaut la sienne, sans contredit, mais je n'ai pas de bien, Lisette.

LISETTE, *étonnée.* – Comment ?

DORANTE. – Je dis les choses comme elles sont ; je n'ai qu'une très petite légitime*.

LISETTE, *brusquement.* – Vous ? Tant pis ; je ne suis point contente de cela, qui est-ce qui le devinerait à votre air ? Quand on n'a rien, faut-il être de si bonne mine ? Vous m'avez trompée, Monsieur.

DORANTE. – Ce n'était pas mon dessein.

LISETTE. – Cela ne se fait pas, vous dis-je, que diantre voulez-vous qu'on fasse de vous ? Vraiment Angélique vous épouserait volontiers, mais nous avons une mère qui ne sera pas tentée de votre légitime, et votre amour ne nous donnerait que du chagrin.

DORANTE. – Eh ! Lisette, laisse aller les choses, je t'en conjure, il peut arriver tant d'accidents. Si je l'épouse, je te jure d'honneur que je te ferai ta fortune ; tu n'en peux espérer autant de personne, et je tiendrai parole.

LISETTE. – Ma fortune ?

DORANTE. – Oui, je te le promets. Ce n'est pas le bien d'Angélique qui me fait envie : si je ne l'avais pas rencontrée ici, j'allais à mon retour à Paris épouser une veuve très riche, et peut-être plus riche qu'elle, tout le monde le sait, mais il n'y a plus moyen, j'aime Angélique, et si jamais tes soins m'unissaient à elle, je me charge de ton établissement*.

LISETTE, *rêvant un peu.* – Vous êtes séduisant ; voilà une façon d'aimer qui commence à m'intéresser, je me persuade qu'Angélique serait bien avec vous.

DORANTE. – Je n'aimerai jamais qu'elle !

LISETTE. – Vous lui ferez donc sa fortune aussi bien qu'à moi ; mais, Monsieur, vous n'avez rien, dites-vous ? cela est bien dur, n'héritez-vous de personne, tous vos parents sont-ils ruinés ?

DORANTE. – Je suis le neveu d'un homme qui a de très grands biens, qui m'aime beaucoup, et qui me traite comme un fils.

LISETTE. – Eh ! que ne parlez-vous donc ? d'où vient me faire peur avec vos tristes récits, pendant que vous en avez de si consolants à faire ? Un oncle riche, voilà qui est excellent ; et il est vieux sans doute, car ces Messieurs-là ont coutume de l'être.

DORANTE. – Oui, mais le mien ne suit pas la coutume, il est jeune.

LISETTE. – Jeune ! et de quelle jeunesse encore ?

DORANTE. – Il n'a que trente-cinq ans.

LISETTE. – Miséricorde ! trente-cinq ans, cet homme-là n'est bon qu'à être le neveu d'un autre.

DORANTE. – Il est vrai.

LISETTE. – Mais, du moins, est-il un peu infirme ?

DORANTE. – Point du tout, il se porte à merveille, il est, grâce au ciel, de la meilleure santé du monde, car il m'est cher.

LISETTE. – Trente-cinq ans et de la santé, avec un degré de parenté comme celui-là, le joli parent ! Et quelle est l'humeur de ce galant homme ?

DORANTE. – Il est froid, sérieux et philosophe.

LISETTE. – Encore passe, voilà une humeur qui peut nous dédommager de la vieillesse et des infirmités qu'il n'a pas ; il n'a qu'à nous assurer son bien.

DORANTE. – Il ne faut pas s'y attendre ; on parle de quelque mariage en campagne pour lui.

LISETTE, *s'écriant.* – Pour ce philosophe ? Il veut donc avoir des héritiers en propre personne ?

DORANTE. – Le bruit en court.

LISETTE. – Oh ! Monsieur, vous m'impatientez avec votre situation ; en vérité, vous êtes insupportable, tout est désolant avec vous de quelque côté qu'on se tourne.

DORANTE. – Te voilà donc dégoûtée de me servir ?

LISETTE, *vivement.* – Non, vous avez un malheur qui me pique et que je veux vaincre ; mais retirez-vous, voici Angélique qui arrive, je ne lui ai pas dit que vous viendriez ici, quoiqu'elle s'attende bien de vous y voir ; vous reparaîtrez dans un instant et ferez comme si vous arriviez, donnez-moi le temps de l'instruire de tout, j'ai à lui rendre compte de votre personne, elle m'a chargée de savoir un peu de vos nouvelles, laissez-moi faire.

Dorante sort.

Scène II

ANGÉLIQUE, LISETTE

LISETTE. – Je désespérais que vous vinssiez, Madame.

ANGÉLIQUE. – C'est qu'il est arrivé du monde à qui j'ai tenu compagnie. Eh bien ! Lisette, as-tu quelque chose à me dire de Dorante ? as-tu parlé de lui à la concierge du château où il est ?

LISETTE. – Oui, je suis parfaitement informée. Dorante est un homme charmant, un homme aimé, estimé de tout le monde, en un mot, le plus honnête homme qu'on puisse connaître.

ANGÉLIQUE. – Hélas ! Lisette, je n'en doutais pas, cela ne m'apprend rien, je l'avais deviné.

LISETTE. – Oui, il n'y a qu'à le voir pour avoir bonne opinion de lui ; il faut pourtant le quitter, car il ne vous convient pas.

ANGÉLIQUE. – Le quitter ! Quoi ! après cet éloge !

LISETTE. – Oui, Madame, il n'est pas votre fait.

ANGÉLIQUE. – Ou vous plaisantez, ou la tête vous tourne.

LISETTE. – Ni l'un ni l'autre, il a un défaut terrible.

ANGÉLIQUE. – Tu m'effrayes.

LISETTE. – Il est sans bien.

ANGÉLIQUE. – Ah ! je respire ! N'est-ce que cela ? Explique-toi donc mieux, Lisette, ce n'est pas un défaut, c'est un malheur, je le regarde comme une bagatelle, moi.

LISETTE. – Vous parlez juste ; mais nous avons une mère, allez la consulter sur cette bagatelle-là, pour voir un peu ce qu'elle vous répondra ; demandez-lui si elle sera d'avis de vous donner Dorante.

ANGÉLIQUE. – Et quel est le tien là-dessus, Lisette ?

LISETTE. – Oh ! le mien, c'est une autre affaire ; sans vanité, je penserais un peu plus noblement que cela, ce serait une fort belle action que d'épouser Dorante.

ANGÉLIQUE. – Va, va, ne ménage point mon cœur, il n'est pas au-dessous du tien, conseille-moi hardiment une belle action.

LISETTE. – Non pas, s'il vous plaît. Dorante est un cadet, et l'usage veut qu'on le laisse là.

ANGÉLIQUE. – Je l'enrichirais donc ? Quel plaisir !

LISETTE. – Oh ! vous en direz tant que vous me tenterez.

ANGÉLIQUE. – Plus il me devrait, et plus il me serait cher.

LISETTE. – Vous êtes tous deux les plus aimables enfants du monde ; car il refuse aussi à cause de vous une veuve très riche, à ce qu'on dit.

ANGÉLIQUE. – Lui ? eh bien ! il a eu la modestie de s'en taire, c'est toujours de nouvelles qualités que je lui découvre.

LISETTE. – Allons, Madame, il faut que vous épousiez cet homme-là, le ciel vous destine l'un à l'autre, cela est visible. Rappelez-vous votre aventure : nous nous promenons toutes deux dans les allées de ce bois ; il y a mille autres endroits pour se promener, point du tout, cet homme qui nous est inconnu, ne vient qu'à celui-ci, parce qu'il faut qu'il nous rencontre. Qu'y faisiez-vous ? Vous lisiez. Qu'y faisait-il ? Il lisait. Y a-t-il rien de plus marqué ?

ANGÉLIQUE. – Effectivement.

LISETTE. – Il vous salue, nous le saluons, le lendemain, même promenade, mêmes allées, même rencontre, même inclination des deux côtés, et plus de livres de part et d'autre : cela est admirable !

ANGÉLIQUE. – Ajoute que j'ai voulu m'empêcher de l'aimer, et que je n'ai pu en venir à bout.

LISETTE. – Je vous en défierais.

ANGÉLIQUE. – Il n'y a plus que ma mère qui m'inquiète, cette mère qui m'idolâtre, qui ne m'a jamais fait sentir que son amour, qui ne veut jamais que ce que je veux.

LISETTE. – Bon ! c'est que vous ne voulez jamais que ce qui lui plaît.

ANGÉLIQUE. – Mais si elle fait si bien que ce qui lui plaît me plaise aussi, n'est-ce pas comme si je faisais toujours mes volontés ?

LISETTE. – Est-ce que vous tremblez déjà ?

ANGÉLIQUE. – Non, tu m'encourages, mais c'est ce misérable bien que j'ai, et qui me nuira : ah ! que je suis fâché d'être si riche !

LISETTE. – Ah ! le plaisant chagrin ! Eh ! ne l'êtes-vous pas pour vous deux ?

ANGÉLIQUE. – Il est vrai. Ne le verrons-nous pas aujourd'hui ? Quand reviendra-t-il ?

LISETTE *regarde sa montre.* – Attendez, je vais vous le dire.

ANGÉLIQUE. – Comment ! est-ce que tu lui as donné rendez-vous ?

LISETTE. – Oui, il va venir, il ne tardera pas deux minutes, il est exact.

ANGÉLIQUE. – Vous n'y songez pas, Lisette, il croira que c'est moi qui le lui ai fait donner.

LISETTE. – Non, non, c'est toujours avec moi qu'il les prend, et c'est vous qui les tenez sans le savoir.

ANGÉLIQUE. – Il a fort bien fait de ne m'en rien dire, car je n'en aurais pas tenu un seul ; et comme vous m'avertissez de celui-ci, je ne sais pas trop si je puis rester avec bienséance, j'ai presque envie de m'en aller.

LISETTE. – Je crois que vous avez raison. Allons, partons, Madame.

ANGÉLIQUE. – Une autre fois, quand vous lui direz de venir, du moins ne m'avertissez pas, voilà tout ce que je vous demande.

LISETTE. – Ne nous fâchons pas, le voici.

Scène III

DORANTE, ANGÉLIQUE, LISETTE, LUBIN, *éloigné.*

ANGÉLIQUE. – Je ne vous attendais pas, au moins, Dorante.

DORANTE. – Je ne sais que trop que c'est à Lisette que j'ai l'obligation de vous voir ici, Madame.

LISETTE, *sans regarder.* – Je lui ai pourtant dit que vous viendriez.

ANGÉLIQUE. – Oui, elle vient de me l'apprendre tout à l'heure*.

LISETTE. – Pas tant tout à l'heure.

ANGÉLIQUE. – Taisez-vous, Lisette.

DORANTE. – Me voyez-vous à regret, Madame ?

ANGÉLIQUE. – Non, Dorante, si j'étais fâchée de vous voir, je fuirais les lieux où je vous trouve, et où je pourrais soupçonner de vous rencontrer.

LISETTE. – Oh ! pour cela, Monsieur, ne vous plaignez pas ; il faut rendre justice à Madame, il n'y a rien de si obligeant que les discours qu'elle vient de me tenir sur votre compte.

ANGÉLIQUE. – Mais, en vérité, Lisette...

DORANTE. – Eh ! Madame, ne m'enviez pas la joie qu'elle me donne.

LISETTE. – Où est l'inconvénient de répéter des choses qui ne sont que louables ? Pourquoi ne saurait-il pas que vous êtes charmée que tout le monde l'aime et l'estime ? Y a-t-il du mal à lui dire le plaisir que vous vous proposez à le venger de la fortune, à lui apprendre que la sienne vous le rend encore plus cher ? Il n'y a point à rougir d'une pareille façon de penser, elle fait l'éloge de votre cœur.

DORANTE. – Quoi ! charmante Angélique, mon bonheur irait-il jusque-là ? Oserais-je ajouter foi à ce qu'elle me dit ?

ANGÉLIQUE. – Je vous avoue qu'elle est bien étourdie.

DORANTE. – Je n'ai que mon cœur à vous offrir, il est vrai, mais du moins n'en fut-il jamais de plus pénétré ni de plus tendre.

Lubin paraît dans l'éloignement.

LISETTE. – Doucement, ne parlez pas si haut, il me semble que je vois le neveu de notre fermier qui nous observe ; ce grand benêt-là, que fait-il ici ?

ANGÉLIQUE. – C'est lui-même. Ah ! que je suis inquiète ! Il dira tout à ma mère. Adieu, Dorante, nous nous reverrons, je me sauve, retirez-vous aussi.

Elle sort.
Dorante veut s'en aller.

LISETTE, *l'arrêtant.* – Non, Monsieur, arrêtez, il me vient une idée : il faut tâcher de le mettre dans nos intérêts, il ne me hait pas.

DORANTE. – Puisqu'il nous a vus, c'est le meilleur parti.

Scène IV

DORANTE, LISETTE, LUBIN

LISETTE, *à Lubin.* – Laissez-moi faire. Ah ! te voilà, Lubin ? à quoi donc t'amuses-tu là ?

LUBIN. – Moi ? D'abord je faisais une promenade, à présent je regarde.

LISETTE. – Et que regardes-tu ?

LUBIN. – Des oisiaux, deux qui restont, et un qui viant de prenre sa volée, et qui est le plus joli de tous. *(Regardant Dorante.)* En velà un qui est bian joli itou, et jarnigué ! ils profiteront bian avec vous, car vous les sifflez comme un charme, Mademoiselle Lisette.

LISETTE. – C'est-à-dire que tu nous as vu, Angélique et moi, parler à Monsieur ?

LUBIN. – Oh ! oui, j'ons tout vu à mon aise, j'ons mêmement entendu leur petit ramage.

LISETTE. – C'est le hasard qui nous a fait rencontrer Monsieur, et voilà la première fois que nous le voyons.

LUBIN. – Morgué ! qu'alle a bonne meine cette première fois-là, alle ressemble à la vingtième !

DORANTE. – On ne saurait se dispenser de saluer une dame, quand on la rencontre, je pense.

LUBIN, *riant.* – Ah ! ah ! ah ! vous tirez donc voute révérence en paroles, vous convarsez depuis un quart d'heure, appelez-vous ça un coup de chapiau ?

LISETTE. – Venons au fait, serais-tu d'humeur d'entrer dans nos intérêts ?

LUBIN. – Peut-être qu'oui, peut-être que non, ce sera suivant les magnières du monde, il gnia que ça qui règle, car j'aime les magnières, moi.

LISETTE. – Eh bien ! Lubin, je te prie instamment de nous servir.

DORANTE *lui donne de l'argent.* – Et moi, je te paye pour cela.

LUBIN. – Je vous baille donc la parfarence ; redites voute chance, alle sera pu bonne ce coup-ci que l'autre, d'abord c'est une rencontre, n'est-ce pas ? ça se pratique, il n'y a pas de malhonnêteté* à rencontrer les parsonnes.

LISETTE. – Et puis on se salue.

LUBIN. – Et pis, queuque bredouille au bout de la révérence, c'est itou ma coutume, toujours je bredouille en saluant, et quand ça se passe avec des femmes, faut bian qu'alles répondent deux paroles pour une, les hommes parlent, les femmes babillent, allez voute chemin, velà qui est fort bon, fort raisonnable et fort civil ; oh ça ! la rencontre, la salutation, la demande, et la réponse, tout ça est payé, il n'y a pus qu'à nous accommoder pour le courant*.

DORANTE. – Voilà pour le courant.

LUBIN. – Courez donc tant que vous pourrez, ce que vous attraperez, c'est pour vous, je n'y prétends rin, pourvu que j'attrape itou. Sarviteur, il n'y a, morgué ! parsonne de si agriable à rencontrer que vous.

LISETTE. – Tu seras donc de nos amis à présent.

LUBIN. – Tatigué ! oui, ne m'épargnez pas, toute mon amiquié est à voute sarvice au même prix.

LISETTE. – Puisque nous pouvons compter sur toi, veux-tu bien actuellement faire le guet pour nous avertir en cas que quelqu'un vienne, et surtout Madame ?

LUBIN. – Que vos parsonnes se tiennent en paix, je vous garantis des passants une lieue à la ronde.

Il sort.

Scène V

DORANTE, LISETTE

LISETTE. – Puisque nous voici seuls un moment, parlons encore de votre amour, Monsieur. Vous m'avez fait de grandes promesses en cas que les choses réussissent ; mais comment réussiront-elles ? Angélique est une héritière, et je sais les intentions de la mère, quelque tendresse qu'elle ait pour sa fille, qui vous aime, ce ne sera pas à vous à qui elle la donnera, c'est de quoi vous devez être bien convaincu ; or cela supposé, que vous passe-t-il dans l'esprit là-dessus ?

DORANTE. – Rien encore, Lisette. Je n'ai jusqu'ici songé qu'au plaisir d'aimer Angélique.

LISETTE. – Mais ne pourriez-vous pas en même temps songer à faire durer ce plaisir ?

DORANTE. – C'est bien mon dessein ; mais comment s'y prendre ?

LISETTE. – Je vous le demande.

DORANTE. – J'y rêverai, Lisette.

LISETTE. – Ah ! vous y rêverez ! Il n'y a qu'un petit inconvénient à craindre, c'est qu'on ne marie votre maîtresse pendant que vous rêverez à la conserver.

DORANTE. – Que me dis-tu là, Lisette ? J'en mourrais de douleur.

LISETTE. – Je vous tiens donc pour mort.

DORANTE, *vivement.* – Est-ce qu'on la veut marier ?

LISETTE. – La partie est toute liée avec la mère, il y a déjà un époux d'arrêté, je le sais de bonne part.

DORANTE. – Eh ! Lisette, tu me désespères, il faut absolument éviter ce malheur-là.

LISETTE. – Ah ! ce ne sera pas en disant j'aime, et toujours j'aime… N'imaginez-vous rien ?

DORANTE. – Tu m'accables.

Scène VI

LUBIN, LISETTE, DORANTE

LUBIN, *accourant.* – Gagnez* pays, mes bons amis, sauvez-vous, velà l'ennemi qui s'avance.

LISETTE. – Quel ennemi ?

LUBIN. – Morgué ! le plus méchant, c'est la mère d'Angélique.

LISETTE, *à Dorante.* – Eh ! vite, cachez-vous dans le bois, je me retire.

Elle sort.

LUBIN. – Et moi je ferai semblant d'être sans malice*.

Scène VII

LUBIN, MADAME ARGANTE

MADAME ARGANTE. – Ah ! c'est toi, Lubin, tu es tout seul ? Il me semblait avoir entendu du monde.

LUBIN. – Non, noute maîtresse, ce n'est que moi qui me parle et qui me reparle, à celle fin de me tenir compagnie, ça amuse*.

MADAME ARGANTE. – Ne me trompes-tu point ?

LUBIN. – Pargué ! je serais donc un fripon ?

MADAME ARGANTE. – Je te crois, et je suis bien aise de te trouver, car je te cherchais ; j'ai une commission à te donner, que je ne veux confier à aucun de mes gens ; c'est d'observer Angélique dans ses promenades, et de me rendre compte de ce qui s'y passe ; je remarque depuis quelque temps qu'elle sort souvent à la même heure avec Lisette, et j'en voudrais savoir la raison.

LUBIN. – Ça est fort raisonnable. Vous me baillez donc une charge d'espion ?

MADAME ARGANTE. – À peu près.

LUBIN. – Je savons bien ce que c'est ; j'ons la pareille.

MADAME ARGANTE. – Toi !

LUBIN. – Oui, ça est fort lucratif ; mais c'est qu'ou venez un peu tard, noute maîtresse, car je sis retenu pour vous espionner vous-même.

MADAME ARGANTE, *à part..* – Qu'entends-je ? Moi, Lubin ?

LUBIN. – Vraiment oui. Quand Mademoiselle Angélique parle en cachette à son amoureux, c'est moi qui regarde si vous ne venez pas.

MADAME ARGANTE. – Ceci est sérieux ; mais vous êtes bien hardi, Lubin, de vous charger d'une pareille commission.

LUBIN. – Pardi, y a-t-il du mal à dire à cette jeunesse : Velà Madame qui viant, la velà qui ne viant pas ? Ça empêche-t-il que vous ne veniez ou non ? Je n'y entends pas de finesse.

MADAME ARGANTE. – Je te pardonne, puisque tu n'as pas cru mal faire, à condition que tu m'instruiras de tout ce que tu verras et de tout ce que tu entendras.

LUBIN. – Faura donc que j'acoute, et que je regarde ? Ce sera moiquié pu de besogne avec vous qu'avec eux.

MADAME ARGANTE. – Je consens même que tu les avertisses quand j'arriverai, pourvu que tu me rapportes tout fidèlement, et il ne te sera pas difficile de le faire, puisque tu ne t'éloignes pas beaucoup d'eux.

LUBIN. – Eh ! sans doute, je serai tout porté pour les nouvelles, ça me sera commode, aussitôt pris, aussitôt rendu.

MADAME ARGANTE. – Je te défends, surtout, de les informer de l'emploi que je te donne, comme tu m'as informé de celui qu'ils t'ont donné ; garde-moi le secret.

LUBIN. – Drès* qu'ou voulez qu'an le garde, an le gardera ; s'ils me l'aviont recommandé, j'aurions fait de même, ils n'aviont qu'à dire.

MADAME ARGANTE. – N'y manque pas à mon égard, et puisqu'ils ne se soucient point que tu gardes le leur, achève de m'instruire, tu n'y perdras pas.

LUBIN. – Premièrement, au lieu de pardre avec eux j'y gagne.

MADAME ARGANTE. – C'est-à-dire qu'ils te payent.

LUBIN. – Tout juste.

MADAME ARGANTE. – Je te promets de faire comme eux quand je serai rentrée chez moi.

LUBIN. – Ce que j'en dis n'est pas pour porter exemple, mais ce qu'ou ferez sera toujours bian fait.

MADAME ARGANTE. – Ma fille a donc un amant* ? Quel est-il ?

LUBIN. – Un biau jeune homme fait comme une merveille, qui est libéral, qui a un air, une présentation, une philosophie, dame ! c'est ma meine à moi, ce sera la vôtre itou ; il y a pas de garçon pu gracieux à contempler, et qui fait l'amour* avec des paroles si douces, c'est un plaisir que de l'entendre débiter sa petite marchandise, il ne dit pas un mot qu'il n'adore.

MADAME ARGANTE. – Et ma fille, que lui répond-elle ?

LUBIN. – Voute fille ? mais je pense que bientôt ils s'adoreront tous deux.

MADAME ARGANTE. – N'as-tu rien retenu de leurs discours ?

LUBIN. – Non, qu'une petite miette. Je n'ai pas de moyen, ce* li fait-il, et moi, j'en ai trop, ce li fait-elle ;

mais li dit-il j'ai le cœur si tendre, mais, li dit-elle, qu'est-ce que ma mère s'en souciera ? Et pis là-dessus ils se lamentont sur le plus, sur le moins, sur la pauvreté de l'un, sur la richesse de l'autre, ça fait des regrets bian touchants.

MADAME ARGANTE. – Quel est ce jeune homme ?

LUBIN. – Attendez, il m'est avis que c'est Dorante, et comme c'est un voisin, on peut l'appeler le voisin Dorante.

MADAME ARGANTE. – Dorante ? ce nom-là ne m'est pas inconnu, comment se sont-ils vus ?

LUBIN. – Ils se sont vus en se rencontrant, mais ils ne se rencontrent pu, ils se treuvent.

MADAME ARGANTE. – Et Lisette est-elle de la partie ?

LUBIN. – Morgué ! oui, c'est leur capitaine, alle a le gouvarnement des rencontres, c'est un trésor pour des amoureux que cette fille-là.

MADAME ARGANTE. – Voici, ce me semble, ma fille qui feint de se promener et qui vient à nous ; retire-toi, Lubin, continue d'observer et de m'instruire avec fidélité*, je te récompenserai.

LUBIN. – Oh ! que oui, Madame, ce sera au logis, il n'y a pas loin.

Il sort.

Scène VIII

MADAME ARGANTE, ANGÉLIQUE

MADAME ARGANTE. – Je vous demandais à Lubin, ma fille.

ANGÉLIQUE. – Avez-vous à me parler, Madame ?

MADAME ARGANTE. – Oui : vous connaissez Ergaste, Angélique, vous l'avez vu souvent à Paris, il vous demande en mariage.

ANGÉLIQUE. – Lui, ma mère, Ergaste, cet homme si sombre, si sérieux, il n'est pas fait pour être un mari, ce me semble.

MADAME ARGANTE. – Il n'y a rien à redire à sa figure.

ANGÉLIQUE. – Pour sa figure, je la lui passe, c'est à quoi je ne regarde guère.

MADAME ARGANTE. – Il est froid.

ANGÉLIQUE. – Dites glacé, taciturne, mélancolique, rêveur et triste.

MADAME ARGANTE. – Vous le verrez bientôt, il doit venir ici, et s'il ne vous accommode pas, vous ne l'épouserez pas malgré vous, ma chère enfant, vous savez bien comme nous vivons ensemble.

ANGÉLIQUE. – Ah ! ma mère, je ne crains point de violence de votre part, ce n'est pas là ce qui m'inquiète.

MADAME ARGANTE. – Es-tu bien persuadée que je t'aime ?

ANGÉLIQUE. – Il n'y a point de jour qui ne m'en donne des preuves.

MADAME ARGANTE. – Et toi, ma fille, m'aimes-tu autant ?

ANGÉLIQUE. – Je me flatte que vous n'en doutez pas, assurément.

MADAME ARGANTE. – Non, mais pour m'en rendre encore plus sûre, il faut que tu m'accordes une grâce.

ANGÉLIQUE. – Une grâce, ma mère ! Voilà un mot qui ne me convient point, ordonnez, et je vous obéirai.

MADAME ARGANTE. – Oh ! si tu le prends sur ce ton-là, tu ne m'aimes pas tant que je croyais. Je n'ai point d'ordre à vous donner, ma fille, je suis votre amie, et vous êtes la mienne, et si vous me traitez autrement, je n'ai plus rien à vous dire.

ANGÉLIQUE. – Allons, ma mère, je me rends, vous me charmez, j'en pleure de tendresse ; voyons, quelle est cette grâce que vous me demandez ? Je vous l'accorde d'avance.

MADAME ARGANTE. – Viens donc que je t'embrasse : te voici dans un âge raisonnable, mais où tu auras besoin de mes conseils et de mon expérience ; te rappelles-tu l'entretien que nous eûmes l'autre jour, et cette douceur que nous nous figurions toutes deux à vivre ensemble dans la plus intime confiance, sans avoir de secrets l'une pour l'autre ; t'en souviens-tu ? Nous fûmes interrompues, mais cette idée-là te réjouit beaucoup, exécutons-la, parle-moi à cœur ouvert ; fais-moi ta confidente.

ANGÉLIQUE. – Vous, la confidente de votre fille ?

MADAME ARGANTE. – Oh ! votre fille ; et qui te parle d'elle ? Ce n'est point ta mère qui veut être ta confidente, c'est ton amie, encore une fois.

ANGÉLIQUE, *riant.* – D'accord, mais mon amie redira tout à ma mère, l'une est inséparable de l'autre.

MADAME ARGANTE. – Eh bien ! je les sépare, moi, je t'en fais serment ; oui, mets-toi dans l'esprit que ce que tu me confieras sur ce pied-là, c'est comme si ta mère ne l'entendait pas ; eh ! mais cela se doit, il y aurait même de la mauvaise foi à faire autrement.

ANGÉLIQUE. – Il est difficile d'espérer ce que vous dites là.

MADAME ARGANTE. – Ah ! que tu m'affliges ; je ne mérite pas ta résistance.

ANGÉLIQUE. – Eh bien ! soit, vous l'exigez de trop bonne grâce, j'y consens, je vous dirai tout.

MADAME ARGANTE. – Si tu veux, ne m'appelle pas ta mère, donne-moi un autre nom.

ANGÉLIQUE. – Oh ! ce n'est pas la peine, ce nom-là m'est cher, quand je le changerais, il n'en serait ni plus ni moins, ce ne serait qu'une finesse inutile, laissez-le-moi, il ne m'effraye plus.

MADAME ARGANTE. – Comme tu voudras, ma chère Angélique. Ah ça ! je suis donc ta confidente, n'as-tu rien à me confier dès à présent ?

ANGÉLIQUE. – Non, que je sache, mais ce sera pour l'avenir.

MADAME ARGANTE. – Comment va ton cœur ? Personne ne l'a-t-il attaqué jusqu'ici ?

ANGÉLIQUE. – Pas encore.

MADAME ARGANTE. – Hum ! Tu ne te fies pas à moi, j'ai peur que ce ne soit encore à ta mère à qui tu réponds.

ANGÉLIQUE. – C'est que vous commencez par une furieuse* question.

MADAME ARGANTE. – La question convient à ton âge.

ANGÉLIQUE. – Ah !

MADAME ARGANTE. – Tu soupires ?

ANGÉLIQUE. – Il est vrai.

MADAME ARGANTE. – Que t'est-il arrivé ? Je t'offre de la consolation et des conseils, parle.

ANGÉLIQUE. – Vous ne me le pardonnerez pas.

MADAME ARGANTE. – Tu rêves encore, avec tes pardons, tu me prends pour ta mère.

ANGÉLIQUE. – Il est assez permis de s'y tromper, mais c'est du moins pour la plus digne de l'être, pour la plus tendre et la plus chérie de sa fille qu'il y ait au monde.

MADAME ARGANTE. – Ces sentiments-là sont dignes de toi, et je les lui dirai ; mais il ne s'agit pas d'elle, elle est absente ; revenons, qu'est-ce qui te chagrine ?

ANGÉLIQUE. – Vous m'avez demandé si on avait attaqué mon cœur. Que trop, puisque j'aime !

MADAME ARGANTE, *d'un air sérieux.* – Vous aimez ?

ANGÉLIQUE, *riant.* – Eh bien ! ne voilà-t-il pas cette mère qui est absente ? C'est pourtant elle qui me répond ; mais rassurez-vous, car je badine.

MADAME ARGANTE. – Non, tu ne badines point, tu me dis la vérité, et il n'y a rien là qui me surprenne ; de mon côté, je n'ai répondu sérieusement que parce que tu me parlais de même ; ainsi point d'inquiétude ; tu me confies donc que tu aimes.

ANGÉLIQUE. – Je suis presque tentée de m'en dédire.

MADAME ARGANTE. – Ah ! ma chère Angélique, tu ne me rends pas tendresse pour tendresse.

ANGÉLIQUE. – Vous m'excuserez, c'est l'air que vous avez pris qui m'a alarmée ; mais je n'ai plus peur ; oui, j'aime, c'est un penchant qui m'a surprise.

MADAME ARGANTE. – Tu n'es pas la première, cela peut arriver à tout le monde : et quel homme est-ce ? est-il à Paris ?

ANGÉLIQUE. – Non, je ne le connais que d'ici.

MADAME ARGANTE, *riant.* – D'ici, ma chère ? Conte-moi donc cette histoire-là, je la trouve plus plaisante que sérieuse, ce ne peut être qu'une aventure de campagne, une rencontre ?

ANGÉLIQUE. – Justement.

MADAME ARGANTE. – Quelque jeune homme galant, qui t'a salué, et qui a su adroitement engager une conversation ?

ANGÉLIQUE. – C'est cela même.

MADAME ARGANTE. – Sa hardiesse m'étonne, car tu es d'une figure qui devait lui en imposer : ne trouves-tu pas qu'il a un peu manqué de respect ?

ANGÉLIQUE. – Non, le hasard a tout fait, et c'est Lisette qui en est cause, quoique fort innocemment ; elle tenait un livre, elle le laissa tomber, il le ramassa, et on se parla, cela est tout naturel.

MADAME ARGANTE, *riant.* – Va, ma chère enfant, tu es folle de t'imaginer que tu aimes cet homme-là, c'est Lisette qui te le fait accroire, tu es si fort au-dessus de pareille chose, tu en riras toi-même au premier jour.

ANGÉLIQUE. – Non, je n'en crois rien, je ne m'y attends pas, en vérité.

MADAME ARGANTE. – Bagatelle, te dis-je, c'est qu'il y a là-dedans un air de roman qui te gagne.

ANGÉLIQUE. – Moi, je n'en lis jamais, et puis notre aventure est toute des plus simples.

MADAME ARGANTE. – Tu verras, te dis-je, tu es raisonnable, et c'est assez ; mais l'as-tu vu souvent ?

ANGÉLIQUE. – Dix ou douze fois.

MADAME ARGANTE. – Le verras-tu encore ?

ANGÉLIQUE. – Franchement, j'aurais bien de la peine à m'en empêcher.

MADAME ARGANTE. – Je t'offre si tu le veux de reprendre ma qualité de mère pour te le défendre.

ANGÉLIQUE. – Non vraiment ne reprenez rien, je vous prie, ceci doit être un secret pour vous en cette qualité-là, et je compte que vous ne savez rien, au moins, vous me l'avez promis.

MADAME ARGANTE. – Oh ! je tiendrai parole ; mais puisque cela est si sérieux, peu s'en faut que je ne verse des larmes sur le danger où je te vois, de perdre l'estime qu'on a pour toi dans le monde.

ANGÉLIQUE. – Comment donc, l'estime qu'on a pour moi ? Vous me faites trembler. Est-ce que vous me croyez capable de manquer de sagesse ?

MADAME ARGANTE. – Hélas ! ma fille, vois ce que tu as fait, te serais-tu crue capable de tromper ta mère, de voir à son insu un jeune étourdi, de courir les risques de son indiscrétion et de sa vanité, de t'exposer à tout ce qu'il voudra dire, et de te livrer à l'indécence de tant d'entrevues secrètes, ménagées par une misérable suivante sans cœur, qui ne s'embarrasse guère des conséquences, pourvu qu'elle y trouve son intérêt, comme elle l'y trouve sans doute ? Qui t'aurait dit, il y a un mois, que tu t'égarerais jusque-là, l'aurais-tu cru ?

ANGÉLIQUE, *triste.* – Je pourrais bien avoir tort, voilà des réflexions que je n'ai jamais faites.

MADAME ARGANTE. – Eh ! ma chère enfant, qui est-ce qui te les ferait faire ? Ce n'est pas un domestique payé pour te trahir, non plus qu'un amant qui met tout son bonheur à te séduire ; tu ne consultes que tes ennemis ; ton cœur même est de leur parti, tu n'as pour tout secours que ta vertu qui ne doit pas être contente, et qu'une véritable amie comme moi, dont tu te défies : que ne risques-tu pas ?

ANGÉLIQUE. – Ah ! ma chère mère, ma chère amie, vous avez raison, vous m'ouvrez les yeux, vous me couvrez de confusion ; Lisette m'a trahie, et je romps avec le jeune homme ; que je vous suis obligée de vos conseils !

LUBIN, *à Madame Argante.* – Madame, il vient d'arriver un homme qui demande à vous parler.

MADAME ARGANTE, *à Angélique.* – En qualité de simple confidente, je te laisse libre ; je te conseille pourtant de me suivre, car le jeune homme est peut-être ici.

ANGÉLIQUE. – Permettez-moi de rêver un instant, et ne vous embarrassez point ; s'il y est, et qu'il ose paraître, je le congédierai, je vous assure.

MADAME ARGANTE. – Soit, mais songe à ce que je t'ai dit.

Elle sort.

Scène IX

ANGÉLIQUE, *un moment seule,* LUBIN *survient.*

ANGÉLIQUE. – Voilà qui est fait, je ne le verrai plus. *(Lubin, sans s'arrêter, lui remet une lettre dans la main.)* Arrêtez, de qui est-elle ?

LUBIN, *en s'en allant, de loin.* – De ce cher poulet. C'est voûte galant qui vous la mande.

ANGÉLIQUE *la rejette loin.* – Je n'ai point de galant, reportez-la.

LUBIN. – Elle est faite pour rester.

ANGÉLIQUE. – Reprenez-la, encore une fois, et retirez-vous.

LUBIN. – Eh morgué ! queu fantaisie ! je vous dis qu'il faut qu'alle demeure, à celle fin que vous la lisiais, ça m'est enjoint et à vous aussi ; il y a là-dedans un entretien pour tantôt, à l'heure qui vous fera plaisir, et je sis enchargé* d'apporter l'heure à Lisette, et non pas la lettre. Ramassez-la, car je n'ose de peur qu'en ne me voie, et pis vous me crierez la réponse tout bas.

ANGÉLIQUE. – Ramasse-la toi-même, et va-t'en, je te l'ordonne.

LUBIN. – Mais voyez ce rat* qui lui prend ! Non, morgué ! je ne la ramasserai pas, il ne sera pas dit que j'aie fait ma commission tout de travars.

ANGÉLIQUE, *s'en allant.* – Cet impertinent !

LUBIN *la regarde s'en aller.* – Faut qu'alle ait de l'avarsion pour l'écriture.

ACTE II

Scène première

DORANTE, LUBIN

LUBIN *entre le premier et dit.* – Parsonne ne viant. *(Dorante entre.)* Eh palsangué ! arrivez donc, il y a pu d'une heure que je sis à l'affût de vous.

DORANTE. – Eh bien ! qu'as-tu à me dire ?

LUBIN. – Que vous ne bougiais d'ici, Lisette m'a dit de vous le commander.

DORANTE. – T'a-t-elle dit l'heure qu'Angélique a prise pour notre rendez-vous ?

LUBIN. – Non, alle vous contera ça.

DORANTE. – Est-ce là tout ?

LUBIN. – C'est tout par rapport à vous, mais il y a un restant par rapport à moi.

DORANTE. – De quoi est-il question ?

LUBIN. – C'est que je me repens…

DORANTE. – Qu'appelles-tu te repentir ?

LUBIN. – J'entends qu'il y a des scrupules qui me tourmentent sur vos rendez-vous que je protège, j'ons queuquefois la tentation de vous torner casaque sur tout ceci, et d'aller nous accuser tretous*.

DORANTE. – Tu rêves, et où est le mal de ces rendez-vous ? Que crains-tu ? ne suis-je pas honnête homme ?

LUBIN. – Morgué ! moi itou, et tellement honnête, qu'il n'y aura pas moyen d'être un fripon si an ne me soutient le cœur, par rapport à ce que j'ons toujours maille à partir avec ma conscience ; il y a toujours queuque chose qui cloche dans mon courage ; à chaque pas que je fais, j'ai le défaut de m'arrêter, à moins qu'an ne me pousse, et c'est à vous à pousser.

DORANTE, *tirant une bague qu'il lui donne.* – Eh ! morbleu ! prends encore cela et continue.

LUBIN. – Ça me ravigote.

DORANTE. – Dis-moi, Angélique viendra-t-elle bientôt ?

LUBIN. – Peut-être biantôt, peut-être bian tard, peut-être point du tout.

DORANTE. – Point du tout, qu'est-ce que tu veux dire ? Comment a-t-elle reçu ma lettre ?

LUBIN. – Ah ! comment ? Est-ce que vous me faites itou voûte rapporteux auprès d'elle ? Pargué ! je serons donc l'espion à tout le monde ?

DORANTE. – Toi ? Eh ! de qui l'es-tu encore ?

LUBIN. – Eh ! pardi ! de la mère, qui m'a bian enchargé* de n'en rian dire.

DORANTE. – Misérable ! tu lui parles donc contre nous ?

LUBIN. – Contre vous, Monsieur ? Pas le mot, ni pour ni contre, je fais ma main*, et vêla tout, faut pas mêmement que vous sachiez ça.

DORANTE. – Explique-toi donc ; c'est-à-dire que ce que tu en fais, n'est que pour obtenir quelque argent d'elle sans nous nuire ?

LUBIN. – Vêla cen* que c'est, je tire d'ici, je tire d'ilà, et j'attrape.

DORANTE. – Achève, que t'a dit Angélique quand tu lui as porté ma lettre ?

LUBIN. – Parlez-li toujours, mais ne lui écrivez pas, voute griffonnage n'a pas fait forteune.

DORANTE. – Quoi ! ma lettre l'a fâchée ?

LUBIN. – Alle n'en a jamais voulu tâter, le papier la courrouce.

DORANTE. – Elle te l'a donc rendue ?

LUBIN. – Alle me l'a rendue à tarre, car je l'ons ramassée, et Lisette la tient.

DORANTE. – Je n'y comprends rien, d'où cela peut-il provenir ?

LUBIN. – Velà Lisette, intarrogez-la, je retorne à ma place pour vous garder.

Il sort.

Scène II

LISETTE, DORANTE

DORANTE. – Que viens-je d'apprendre, Lisette ? Angélique a rebuté ma lettre.

LISETTE. – Oui, la voici, Lubin me l'a rendue, j'ignore quelle fantaisie lui a pris, mais il est vrai qu'elle est de fort mauvaise humeur ; je n'ai pu m'expliquer avec elle à cause du monde qu'il y avait au logis, mais elle est triste, elle m'a battu froid, et je l'ai trouvée toute changée ; je viens pourtant de l'apercevoir là-bas, et j'arrive pour vous en avertir ; attendons-la, sa rêverie pourrait bien tout doucement la conduire ici.

DORANTE. – Non, Lisette, ma vue ne ferait que l'irriter peut-être, il faut respecter ses dégoûts pour moi, je ne les soutiendrais pas, et je me retire.

LISETTE. – Que les amants sont quelquefois risibles, qu'ils disent de fadeurs ! Tenez, fuyez-la, Monsieur, car elle arrive, fuyez-la pour la respecter.

Scène III

ANGÉLIQUE, DORANTE, LISETTE

ANGÉLIQUE. – Quoi ! Monsieur est ici ? Je ne m'attendais pas à l'y trouver.

DORANTE. – J'allais me retirer, Madame, Lisette vous le dira, je n'avais garde de me montrer, le mépris que vous avez fait de ma lettre m'apprend combien je vous suis odieux.

ANGÉLIQUE. – Odieux ! Ah ! j'en suis quitte à moins ; pour indifférent, passe, et très indifférent ; quant à votre lettre, je l'ai reçue comme elle le méritait, et je ne croyais pas qu'on eût droit d'écrire aux gens qu'on a vus par hasard, j'ai trouvé cela fort singulier, surtout avec une personne de mon sexe : m'écrire, à moi, Monsieur, d'où vous est venue cette idée ? Je n'ai pas donné lieu à votre hardiesse, ce me semble, de quoi s'agit-il entre vous et moi ?

DORANTE. – De rien pour vous, Madame, mais de tout pour un malheureux que vous accablez.

ANGÉLIQUE. – Voilà des expressions aussi déplacées qu'inutiles, et je vous avertis que je ne les écoute point.

DORANTE. – Eh ! de grâce, Madame, n'ajoutez point la raillerie aux discours cruels que vous me tenez, méprisez ma douleur, mais ne vous en moquez pas, je ne vous exagère point ce que je souffre.

ANGÉLIQUE. – Vous m'empêchez de parler à Lisette, Monsieur, ne m'interrompez point.

LISETTE. – Peut-on, sans être trop curieuse, vous demander à qui vous en avez ?

ANGÉLIQUE. – À vous, et je ne suis venue ici que parce que je vous cherchais, voilà ce qui m'amène.

DORANTE. – Voulez-vous que je me retire, Madame ?

ANGÉLIQUE. – Comme vous voudrez, Monsieur.

DORANTE. – Ciel !

ANGÉLIQUE. – Attendez pourtant ; puisque vous êtes là, je serai bien aise que vous sachiez ce que j'ai à vous dire : vous m'avez écrit, vous avez lié conversation avec moi, vous pourriez vous en vanter, cela n'arrive que trop souvent, et je serais charmée que vous appreniez ce que j'en pense.

DORANTE. – Me vanter, moi, Madame ! De quel affreux caractère me faites-vous là ? Je ne réponds rien pour ma défense, je n'en ai pas la force ; si ma lettre vous a déplu, je vous en demande pardon, n'en présumez rien contre mon respect, celui que j'ai pour vous m'est plus cher que la vie, et je vous le prouverai en me condamnant à ne vous plus revoir, puisque je vous déplais.

ANGÉLIQUE. – Je vous ai déjà dit que je m'en tenais à l'indifférence. Revenons à Lisette.

LISETTE. – Voyons, puisque c'est mon tour pour être grondée : je ne saurais me vanter de rien, moi, je ne vous ai écrit, ni rencontré, quel est mon crime ?

ANGÉLIQUE. – Dites-moi, il n'a pas tenu à vous que je n'eusse des dispositions favorables pour Monsieur, c'est par vos soins qu'il a eu avec moi toutes les entrevues où vous m'avez amenée sans me le dire, car c'est sans me le dire, en avez-vous senti les conséquences ?

LISETTE. – Non, je n'ai pas eu cet esprit*-là.

ANGÉLIQUE. – Si Monsieur, comme je l'ai déjà dit, et à l'exemple de presque tous les jeunes gens, était homme à faire trophée d'une aventure dont je suis tout à fait innocente, où en serais-je ?

LISETTE, *à Dorante.* – Remerciez, Monsieur.

DORANTE. – Je ne saurais parler.

ANGÉLIQUE. – Si, de votre côté, vous êtes de ces filles intéressées qui ne se soucient pas de faire tort à leurs maîtresses pourvu qu'elles y trouvent leur avantage, que ne risquerais-je pas ?

LISETTE. – Oh ! je répondrai, moi, je n'ai pas perdu la parole : si Monsieur est un homme d'honneur à qui vous faites injure, si je suis une fille généreuse, qui ne gagne à tout cela que le joli compliment dont vous m'honorez, où en est avec moi votre reconnaissance, hem ?

ANGÉLIQUE. – D'où vient donc que vous avez si bien servi Dorante, quel peut avoir été le motif d'un zèle si vif, quels moyens a-t-il employés pour vous faire agir ?

LISETTE. – Je crois vous entendre : vous gageriez, j'en suis sûre, que j'ai été séduite par des présents ? Gagez, Madame, faites-moi cette galanterie*-là, vous perdrez, et ce sera une manière de donner tout à fait noble.

DORANTE. – Des présents, Madame ! Que pourrais-je lui donner qui fût digne de ce que je lui dois ?

LISETTE. – Attendez, Monsieur, disons pourtant la vérité. Dans vos transports, vous m'avez promis d'être extrêmement reconnaissant, si jamais vous aviez le bonheur d'être à Madame, il faut convenir de cela.

ANGÉLIQUE. – Eh ! je serais la première à vous donner moi-même.

DORANTE. – Que je suis à plaindre d'avoir livré mon cœur à tant d'amour !

LISETTE. – J'entre dans votre douleur, Monsieur, mais faites comme moi, je n'avais que de bonnes intentions : j'aime ma maîtresse tout injuste qu'elle est, je voulais unir son sort à celui d'un homme qui lui aurait rendu la vie heureuse et tranquille, mes motifs lui sont suspects et j'y renonce ; imitez-moi, privez-vous de votre côté du plaisir de voir Angélique, sacrifiez votre amour à ses inquiétudes, vous êtes capable de cet effort-là.

ANGÉLIQUE. – Soit.

LISETTE, *à Dorante, à part.* – Retirez-vous pour un moment.

DORANTE. – Adieu, Madame, je vous quitte, puisque vous le voulez ; dans l'état où vous me jetez, la vie m'est à charge, je pars pénétré d'une affliction mortelle, et je n'y résisterai point, jamais on n'eut tant d'amour, tant de respect que j'en ai pour vous, jamais on n'osa espérer moins de retour ; ce n'est pas votre indifférence qui m'accable, elle me rend justice, j'en aurais soupiré toute ma vie sans m'en plaindre, et ce n'était point à moi, ce n'est peut-être à personne à prétendre à votre cœur ; mais je pouvais espérer votre estime, je me croyais à l'abri du mépris, et ni ma passion, ni mon caractère n'ont mérité les outrages que vous leur faites.

Il sort.

Scène IV

ANGÉLIQUE, LISETTE, LUBIN *survient.*

ANGÉLIQUE. – Il est parti ?

LISETTE. – Oui, Madame.

ANGÉLIQUE, *un moment sans parler, et à part.* – J'ai été trop vite, ma mère, avec toute son expérience, en a mal jugé, Dorante est un honnête homme.

LISETTE, *à part.* – Elle rêve, elle est triste : cette querelle-ci ne nous fera point de tort.

LUBIN, *à Angélique.* – J'aparçois par là-bas un passant qui viant envars nous, voulez-vous qu'il vous regarde ?

ANGÉLIQUE. – Eh ! que m'importe ?

LISETTE. – Qu'il passe, qu'est-ce que cela nous fait ?

LUBIN, *à part.* – Il y a du brit dans le ménage, je m'en retorne donc, je vas me mettre pus près par rapport à ce que je m'ennuie d'être si loin, j'aime à voir le monde, vous me sarvirez de récriation, n'est-ce pas ?

LISETTE. – Comme tu voudras, reste à dix pas.

LUBIN. – Je les compterai en conscience. *(À part.)* Je sis pu fin qu'eux, j'allons faire ma forniture de nouvelles pour la bonne mère.

Il s'éloigne.

Scène V

ANGÉLIQUE, LISETTE, LUBIN, *éloigné.*

LISETTE. – Vous avez furieusement maltraité Dorante.

ANGÉLIQUE. – Oui, vous avez raison, j'en suis fâchée, mais laissez-moi, car je suis outrée contre vous.

LISETTE. – Vous savez si je le mérite.

ANGÉLIQUE. – C'est vous qui êtes cause que je me suis accoutumée à le voir.

LISETTE. – Je n'avais pas dessein de vous rendre un mauvais service, et cette aventure-ci n'est triste que pour lui ; avez-vous pris garde à l'état où il est ? C'est un homme au désespoir.

ANGÉLIQUE. – Je n'y saurais que faire, pourquoi s'en va-t-il ?

LISETTE. – Cela est aisé à dire à qui ne se soucie pas de lui, mais vous savez avec quelle tendresse il vous aime.

ANGÉLIQUE. – Et vous prétendez que je ne m'en soucie pas, moi ? Que vous êtes méchante !

LISETTE. – Que voulez-vous que j'en croie ? Je vous vois tranquille, et il versait des larmes en s'en allant.

LUBIN. – Comme alle l'enjole !

ANGÉLIQUE. – Lui ?

LISETTE. – Eh ! sans doute !

ANGÉLIQUE. – Et malgré cela, il part.

LISETTE. – Eh ! vous l'avez congédié. Quelle perte vous faites !

ANGÉLIQUE, *après avoir rêvé.* – Qu'il revienne donc, s'il y est encore, qu'on lui parle, puisqu'il est si affligé.

LISETTE. – Il ne peut être qu'à l'écart dans ce bois, il n'a pu aller loin, accablé comme il l'était. Monsieur Dorante, Monsieur Dorante !

Scène VI

DORANTE, ANGÉLIQUE, LISETTE, LUBIN, *éloigné.*

DORANTE. – Est-ce Angélique qui m'appelle ?

LISETTE. – Oui, c'est moi qui parle, mais c'est elle qui vous demande.

ANGÉLIQUE. – Voilà de ces faiblesses que je voudrais bien qu'on m'épargnât.

DORANTE. – À quoi dois-je m'attendre, Angélique ? Que souhaitez-vous d'un homme dont vous ne pouvez plus supporter la vue ?

ANGÉLIQUE. – Il y a grande apparence que vous vous trompez.

DORANTE. – Hélas ! vous ne m'estimez plus.

ANGÉLIQUE. – Plaignez-vous, je vous laisse dire, car je suis un peu dans mon tort.

DORANTE. – Angélique a pu douter de mon amour !

ANGÉLIQUE. – Elle en a douté pour en être plus sûre, cela est-il si désobligeant ?

DORANTE. – Quoi ! j'aurais le bonheur de n'être point haï ?

ANGÉLIQUE. – J'ai bien peur que ce ne soit tout le contraire.

DORANTE. – Vous me rendez la vie.

ANGÉLIQUE. – Où est cette lettre que j'ai refusé de recevoir ? S'il ne tient qu'à la lire, on le veut bien.

DORANTE. – J'aime mieux vous entendre.

ANGÉLIQUE. – Vous n'y perdez pas.

DORANTE. – Ne vous défiez donc jamais d'un cœur qui vous adore.

ANGÉLIQUE. – Oui, Dorante, je vous le promets, voilà qui est fini ; excusez tous deux l'embarras où se trouve une fille de mon âge, timide et vertueuse ; il y a tant de pièges dans la vie, j'ai si peu d'expérience ! serait-il difficile de me tromper si on voulait ? Je n'ai que ma sagesse et mon innocence pour toute ressource, et quand on n'a que cela, on peut avoir peur ; mais me voilà bien rassurée. Il ne me reste plus qu'un chagrin : que deviendra cet amour ? Je n'y vois que des sujets d'affliction ! Savez-vous bien que ma mère me propose un époux que je verrai peut-être dans un quart d'heure ? Je ne vous disais pas tout ce qui m'agitait, il m'était bien permis d'être fâcheuse*, comme vous voyez.

DORANTE. – Angélique, vous êtes toute mon espérance.

LISETTE. – Mais, si vous avouiez votre amour à cette mère qui vous aime tant, serait-elle inexorable ? Il n'y a qu'à supposer que vous avez connu Monsieur à Paris, et qu'il y est.

ANGÉLIQUE. – Cela ne mènerait à rien, Lisette, à rien du tout, je sais bien ce que je dis.

DORANTE. – Vous consentirez donc d'être à un autre ?

ANGÉLIQUE. – Vous me faites trembler.

DORANTE. – Je m'égare à la seule idée de vous perdre, et il n'est point d'extrémité pardonnable que je ne sois tenté de vous proposer.

ANGÉLIQUE. – D'extrémité pardonnable !

LISETTE. – J'entrevois ce qu'il veut dire.

ANGÉLIQUE. – Quoi ! me jeter à ses genoux ? C'est bien mon dessein de lui résister, j'aurai bien de la peine, surtout avec une mère aussi tendre.

LISETTE. – Bon ! tendre, si elle l'était tant, vous gênerait*-elle là-dessus ? Avec le bien que vous avez, vous n'avez besoin que d'un honnête homme, encore une fois.

ANGÉLIQUE. – Tu as raison, c'est une tendresse fort mal entendue, j'en conviens.

DORANTE. – Ah ! belle Angélique, si vous aviez tout l'amour que j'ai, vous auriez bientôt pris votre parti, ne me demandez point ce que je pense, je me trouble, je ne sais où je suis.

ANGÉLIQUE, *à Lisette.* – Que de peines ! Tâche donc de lui remettre l'esprit ; que veut-il dire ?

LISETTE. – Eh bien ! Monsieur, parlez, quelle est votre idée ?

DORANTE, *se jetant à ses genoux.* – Angélique, voulez-vous que je meure ?

ANGÉLIQUE. – Non, levez-vous, et parlez, je vous l'ordonne.

DORANTE. – J'obéis ; votre mère sera inflexible, et dans le cas où nous sommes…

ANGÉLIQUE. – Que faire ?

DORANTE. – Si j'avais des trésors à vous offrir, je vous le dirais plus hardiment.

ANGÉLIQUE. – Votre cœur en est un, achevez, je le veux.

DORANTE. – À notre place, on se fait son sort à soi-même.

ANGÉLIQUE. – Et comment ?

DORANTE. – On s'échappe...
LUBIN, *de loin.* – Au voleur !
ANGÉLIQUE. – Après ?
DORANTE. – Une mère s'emporte, à la fin elle consent, on se réconcilie avec elle, et on se trouve uni avec ce qu'on aime.
ANGÉLIQUE. – Mais ou j'entends mal, ou cela ressemble à un enlèvement ; en est-ce un, Dorante ?
DORANTE. – Je n'ai plus rien à dire.
ANGÉLIQUE, *le regardant.* – Je vous ai forcé de parler, et je n'ai que ce que je mérite.
LISETTE. – Pardonnez quelque chose au trouble où il est : le moyen est dur, et il est fâcheux qu'il n'y en ait point d'autre.
ANGÉLIQUE. – Est-ce là un moyen, est-ce un remède qu'une extravagance ? Ah ! je ne vous reconnais pas à cela, Dorante, je me passerai mieux de bonheur que de vertu ! Me proposer d'être insensée, d'être méprisable : je ne vous aime plus.
DORANTE. – Vous ne m'aimez plus ! Ce mot m'accable, il m'arrache le cœur.
LISETTE. – En vérité, son état me touche.
DORANTE. – Adieu, belle Angélique, je ne survivrai pas à la menace que vous m'avez faite.
ANGÉLIQUE. – Mais, Dorante, êtes-vous raisonnable ?
LISETTE. – Ce qu'il vous propose est hardi, mais ce n'est pas un crime.
ANGÉLIQUE. – Un enlèvement, Lisette !
DORANTE. – Ma chère Angélique, je vous perds. Concevez-vous ce que c'est que vous perdre, et si vous m'aimez un peu, n'êtes-vous pas effrayée vous-même de l'idée de n'être jamais à moi ? Et parce que vous êtes vertueuse, en avez-vous moins le droit d'éviter un malheur ? Nous aurions le secours d'une dame qui n'est heureusement qu'à un quart de lieue d'ici, et chez qui je vous mènerais.
LUBIN, *de loin.* – Haye ! Haye !

ANGÉLIQUE. – Non, Dorante, laissons là votre dame, je parlerai à ma mère, elle est bonne, je la toucherai peut-être, je la toucherai, je l'espère, ah !

Scène VII

LUBIN, LISETTE, ANGÉLIQUE, DORANTE

LUBIN. – Et vite, et vite, qu'on s'éparpille ; vêla ce grand monsieur, que j'ons vu une fois à Paris, cheux vous, et qui ne parle point.

Il s'écarte.

ANGÉLIQUE. – C'est peut-être celui à qui ma mère me destine ; fuyez, Dorante, nous nous reverrons tantôt, ne vous inquiétez pas.

Dorante sort.

Scène VIII

ANGÉLIQUE, LISETTE, ERGASTE

ANGÉLIQUE, *en le voyant.* – C'est lui-même. Ah ! quel homme !

LISETTE. – Il n'a pas l'air éveillé.

ERGASTE, *marchant lentement.* – Je suis votre serviteur, Madame ; je devance Madame votre mère, qui est embarrassée*, elle m'a dit que vous vous promeniez.

ANGÉLIQUE. – Vous le voyez, Monsieur.

ERGASTE. – Et je me suis hâté de venir vous faire la révérence.

LISETTE, *à part.* – Appelle-t-il cela se hâter ?

ERGASTE. – Ne suis-je pas importun ?

ANGÉLIQUE. – Non, Monsieur.

LISETTE, *à part.* – Ah ! cela vous plaît à dire.

ERGASTE. – Vous êtes plus belle que jamais.
ANGÉLIQUE. – Je ne l'ai jamais été.
ERGASTE. – Vous êtes bien modeste.
LISETTE, *à part.* – Il parle comme il marche.
ERGASTE. – Ce pays-ci est fort beau.
ANGÉLIQUE. – Il est passable.
LISETTE, *à part.* – Quand il a dit un mot, il est si fatigué qu'il faut qu'il se repose.
ERGASTE. – Et solitaire.
ANGÉLIQUE. – On n'y voit pas grand monde.
LISETTE. – Quelque importun par-ci par-là.
ERGASTE. – Il y en a partout.

On est du temps sans parler.

LISETTE, *à part.* – Voilà la conversation tombée, ce ne sera pas moi qui la relèverai.
ERGASTE. – Ah ! bonjour, Lisette.
LISETTE. – Bonsoir, Monsieur ; je vous dis bonsoir, parce que je m'endors, ne trouvez-vous pas qu'il fait un temps pesant ?
ERGASTE. – Oui, ce me semble.
LISETTE. – Vous vous en retournez sans doute ?
ERGASTE. – Rien que demain, Madame Argante m'a retenu.
ANGÉLIQUE. – Et Monsieur se promène-t-il ?
ERGASTE. – Je vais d'abord à ce château voisin, pour y porter une lettre qu'on m'a prié de rendre en main propre, et je reviens ensuite.
ANGÉLIQUE. – Faites, Monsieur, ne vous gênez pas.
ERGASTE. – Vous me le permettez donc ?
ANGÉLIQUE. – Oui, Monsieur.
LISETTE. – Ne vous pressez point, quand on a des commissions, il faut y mettre tout le temps nécessaire ; n'avez-vous que celle-là ?
ERGASTE. – Non, c'est l'unique.
LISETTE. – Quoi ! pas le moindre petit compliment à faire ailleurs ?
ERGASTE. – Non.

ANGÉLIQUE. – Monsieur y soupera peut-être.

LISETTE. – Et à la campagne, on couche où l'on soupe.

ERGASTE. – Point du tout, je reviens incessamment. Madame. *(À part, en s'en allant.)* Je ne sais que dire aux femmes, même à celles qui me plaisent.

Il sort.

Scène IX

ANGÉLIQUE, LISETTE

LISETTE. – Ce garçon-là a de grands talents pour le silence ; quelle abstinence de paroles ! Il ne parlera bientôt plus que par signes.

ANGÉLIQUE. – Il a dit que ma mère allait venir, et je m'éloigne, je ne saurais lui parler dans le désordre d'esprit où je suis ; j'ai pourtant dessein de l'attendrir sur le chapitre de Dorante.

LISETTE. – Et moi, je ne vous conseille pas de lui en parler, vous ne ferez que la révolter davantage, et elle se hâterait de conclure.

ANGÉLIQUE. – Oh ! doucement ! je me révolterais à mon tour.

LISETTE, *riant.* – Vous, contre cette mère qui dit qu'elle vous aime tant ?

ANGÉLIQUE. – Eh bien, qu'elle m'aime donc mieux, car je ne suis point contente d'elle.

LISETTE. – Retirez-vous, je crois qu'elle vient.

Angélique sort.

Scène X

MADAME ARGANTE, LISETTE, *qui veut s'en aller.*

MADAME ARGANTE, *l'arrêtant.* – Voici cette fourbe de suivante. Un moment, où est ma fille ? J'ai cru la trouver ici avec Monsieur Ergaste.

LISETTE. – Ils y étaient tous deux tout à l'heure, Madame, mais Monsieur Ergaste est allé à cette maison d'ici près, remettre une lettre à quelqu'un, et Mademoiselle est là-bas, je pense.

MADAME ARGANTE. – Allez lui dire que je serais bien aise de la voir.

LISETTE, *les premiers mots à part.* – Elle me parle bien sèchement. J'y vais, Madame, mais vous me paraissez triste, j'ai eu peur que vous ne fussiez fâchée contre moi.

MADAME ARGANTE. – Contre vous ? Est-ce que vous le méritez, Lisette ?

LISETTE. – Non, Madame.

MADAME ARGANTE. – Il est vrai que j'ai l'air plus occupé qu'à l'ordinaire. Je veux marier ma fille à Ergaste, vous le savez, et je crains souvent qu'elle n'ait quelque chose dans le cœur ; mais vous me le diriez, n'est-il pas vrai ?

LISETTE. – Eh ! mais je le saurais.

MADAME ARGANTE. – Je n'en doute pas : allez, je connais votre fidélité, Lisette, je ne m'y trompe pas, et je compte bien vous en récompenser comme il faut ; dites à ma fille que je l'attends.

LISETTE, *à part.* – Elle prend bien son temps pour me louer.

Elle sort.

MADAME ARGANTE. – Toute fourbe qu'elle est, je l'ai embarrassée.

Scène XI

LUBIN, MADAME ARGANTE

MADAME ARGANTE. – Ah ! tu viens à propos. As-tu quelque chose à me dire ?

LUBIN. – Jarnigoi ! si jons queuque chose ! J'avons vu des pardons, j'avons vu des offenses, des allées, des venues, et pis des moyens pour avoir un mari.

MADAME ARGANTE. – Hâte-toi de m'instruire, parce que j'attends Angélique. Que sais-tu ?

LUBIN. – Pisque vous êtes pressée, je mettrons tout en un tas.

MADAME ARGANTE. – Parle donc.

LUBIN. – Je sais une accusation, je sais une innocence, et pis un autre grand stratagème, attendez, comment appelont-ils cela ?

MADAME ARGANTE. – Je ne t'entends pas, mais va-t'en, Lubin, j'aperçois ma fille, tu me diras ce que c'est tantôt, il ne faut pas qu'elle nous voie ensemble.

LUBIN. – Je m'en retorne donc à la provision*.

Il sort.

Scène XII

MADAME ARGANTE, ANGÉLIQUE

MADAME ARGANTE, *à part.* – Voyons de quoi il sera question.

ANGÉLIQUE, *les premiers mots à part.* – Plus de confidence, Lisette a raison, c'est le plus sûr. Lisette m'a dit que vous me demandiez, ma mère.

MADAME ARGANTE. – Oui, je sais que tu as vu Ergaste, ton éloignement pour lui dure-t-il toujours ?

ANGÉLIQUE, *souriant.* – Ergaste n'a pas changé.

MADAME ARGANTE. – Te souvient-il qu'avant que nous vinssions ici, tu m'en disais du bien ?

ANGÉLIQUE. – Je vous en dirai volontiers encore, car je l'estime, mais je ne l'aime point, et l'estime et l'indifférence vont fort bien ensemble.

MADAME ARGANTE. – Parlons d'autre chose, n'as-tu rien à dire à ta confidente ?

ANGÉLIQUE. – Non, il n'y a plus rien de nouveau.

MADAME ARGANTE. – Tu n'as pas revu le jeune homme ?

ANGÉLIQUE. – Oui, je l'ai retrouvé, je lui ai dit ce qu'il fallait, et voilà qui est fini.

MADAME ARGANTE, *souriant.* – Quoi ! absolument fini ?

ANGÉLIQUE. – Oui, tout à fait.

MADAME ARGANTE. – Tu me charmes, je ne saurais t'exprimer la satisfaction que tu me donnes ; il n'y a rien de si estimable que toi, Angélique, ni rien aussi d'égal au plaisir que j'ai à te le dire, car je compte que tu me dis vrai, je me livre hardiment à ma joie, tu ne voudrais pas m'y abandonner, si elle était fausse : ce serait une cruauté dont tu n'es pas capable.

ANGÉLIQUE, *d'un ton timide.* – Assurément.

MADAME ARGANTE. – Va, tu n'as pas besoin de me rassurer, ma fille, tu me ferais injure, si tu croyais que j'en doute ; non, ma chère Angélique, tu ne verras plus Dorante, tu l'as renvoyé, j'en suis sûre, ce n'est pas avec un caractère comme le tien qu'on est exposé à la douleur d'être trop crédule ; n'ajoute donc rien à ce que tu m'as dit, tu ne le verras plus, tu m'en assures, et cela suffit ; parlons de la raison, du courage et de la vertu que tu viens de montrer.

ANGÉLIQUE, *d'un air interdit.* – Que je suis confuse !

MADAME ARGANTE. – Grâce au ciel, te voilà donc encore plus respectable, plus digne d'être aimée, plus digne que jamais de faire mes délices ; que tu me rends glorieuse*, Angélique !

ANGÉLIQUE, *pleurant.* – Ah ! ma mère, arrêtez, de grâce.

MADAME ARGANTE. – Que vois-je ? Tu pleures, ma fille, tu viens de triompher de toi-même, tu me vois enchantée, et tu pleures !

ANGÉLIQUE, *se jetant à ses genoux.* – Non, ma mère, je ne triomphe point, votre joie et vos tendresses me confondent, je ne les mérite point.

MADAME ARGANTE *la relève.* – Relève-toi, ma chère enfant, d'où te viennent ces mouvements* où je te reconnais toujours ? Que veulent-ils dire ?

ANGÉLIQUE. – Hélas ! C'est que je vous trompe.

MADAME ARGANTE. – Toi ? *(Un moment sans rien dire.)* Non, tu ne me trompes point, puisque tu me l'avoues. Achève ; voyons de quoi il est question.

ANGÉLIQUE. – Vous allez frémir : on m'a parlé d'enlèvement.

MADAME ARGANTE. – Je n'en suis point surprise, je te l'ai dit : il n'y a rien dont ces étourdis-là ne soient capables ; et je suis persuadée que tu en as plus frémi que moi.

ANGÉLIQUE. – J'en ai tremblé, il est vrai ; j'ai pourtant eu la faiblesse de lui pardonner, pourvu qu'il ne m'en parle plus.

MADAME ARGANTE. – N'importe, je m'en fie à tes réflexions, elles te donneront bien du mépris pour lui.

ANGÉLIQUE. – Eh ! voilà encore ce qui m'afflige dans l'aveu que je vous fais, c'est que vous allez le mépriser vous-même, il est perdu : vous n'étiez déjà que trop prévenue contre lui, et cependant il n'est point si méprisable, permettez que je le justifie, je suis peut-être prévenue moi-même ; mais vous m'aimez, daignez m'entendre, portez vos bontés jusque-là : vous croyez que c'est un jeune homme sans caractère, qui a plus de vanité que d'amour, qui ne cherche qu'à me séduire, et ce n'est point cela, je vous assure : il a tort de m'avoir proposé ce que je vous ai dit ; mais il faut regarder que c'est le tort d'un homme au désespoir que j'ai vu fondre en larmes quand j'ai paru irritée, d'un homme à qui la crainte de me perdre a tourné la tête ; il n'a point de bien, il ne s'en est point caché, il me l'a dit, il ne lui restait donc point d'autre ressource que celle dont je vous parle ; ressource que je condamne comme vous, mais qu'il ne m'a proposée que dans la seule vue d'être à moi, c'est tout ce qu'il y a compris ; car il m'adore, on n'en peut douter.

MADAME ARGANTE. – Eh ! ma fille, il y en aura tant d'autres qui t'aimeront encore plus que lui.

ANGÉLIQUE. – Oui, mais je ne les aimerai pas, moi, m'aimassent-ils davantage, et cela n'est pas possible.

MADAME ARGANTE. – D'ailleurs, il sait que tu es riche.

ANGÉLIQUE. – Il l'ignorait quand il m'a vue, et c'est ce qui devrait l'empêcher de m'aimer, il sait bien que quand une fille est riche, on ne la donne qu'à un homme qui a d'autres richesses, toutes inutiles qu'elles sont ; c'est du moins l'usage, le mérite n'est compté pour rien.

MADAME ARGANTE. – Tu le défends d'une manière qui m'alarme. Que penses-tu donc de cet enlèvement, dis-moi ? tu es la franchise même, ne serais-tu point en danger d'y consentir ?

ANGÉLIQUE. – Ah ! je ne crois pas, ma mère.

MADAME ARGANTE. – Ta mère ! Ah ! le ciel la préserve de savoir seulement qu'on te le propose ! ne te sers plus de ce nom, elle ne saurait le soutenir dans cette occasion-ci. Mais pourrais-tu la fuir, te sentirais-tu la force de l'affliger jusque-là, de lui donner la mort, de lui porter le poignard dans le sein ?

ANGÉLIQUE. – J'aimerais mieux mourir moi-même.

MADAME ARGANTE. – Survivrait-elle à l'affront que tu te ferais ? Souffre à ton tour que mon amitié te parle pour elle ; lequel aimes-tu le mieux, ou de cette mère qui t'a inspiré mille vertus, ou d'un amant qui veut te les ôter toutes ?

ANGÉLIQUE. – Vous m'accablez. Dites-lui qu'elle ne craigne rien de sa fille, dites-lui que rien ne m'est plus cher qu'elle, et que je ne verrai plus Dorante, si elle me condamne à le perdre.

MADAME ARGANTE. – Eh ! que perdras-tu dans un inconnu qui n'a rien ?

ANGÉLIQUE. – Tout le bonheur de ma vie ; ayez la bonté de lui dire aussi que ce n'est point la quantité de biens qui rend heureuse, que j'en ai plus qu'il n'en faudrait avec Dorante, que je languirais avec un autre : rapportez-lui ce que je vous dis là, et que je me soumets à ce qu'elle en décidera.

MADAME ARGANTE. – Si tu pouvais seulement passer quelque temps sans le voir, le veux-tu bien ? Tu ne me réponds pas, à quoi songes-tu ?

ANGÉLIQUE. – Vous le dirai-je ? Je me repens d'avoir tout dit ; mon amour m'est cher, je viens de m'ôter la liberté d'y céder, et peu s'en faut que je ne la regrette ; je suis même fâchée d'être éclairée, je ne voyais rien de tout ce qui m'effraye, et me voilà plus triste que je ne l'étais.

MADAME ARGANTE. – Dorante me connaît-il ?

ANGÉLIQUE. – Non, à ce qu'il m'a dit.

MADAME ARGANTE. – Eh bien ! laisse-moi le voir, je lui parlerai sous le nom d'une tante à qui tu auras tout confié, et qui veut te servir ; viens, ma fille, et laisse à mon cœur le soin de conduire le tien.

ANGÉLIQUE. – Je ne sais, mais ce que vous inspire votre tendresse m'est d'un bon augure.

ACTE III

Scène première

MADAME ARGANTE, LUBIN

MADAME ARGANTE. – Personne ne nous voit-il ?

LUBIN. – On ne peut pas nous voir drès* que nous ne voyons parsonne.

MADAME ARGANTE. – C'est qu'il me semble avoir aperçu là-bas Monsieur Ergaste qui se promène.

LUBIN. – Qui, ce nouviau venu ? Il n'y a pas de danger avec li, ça ne regarde rin, ça dort en marchant.

MADAME ARGANTE. – N'importe, il faut l'éviter. Voyons ce que tu avais à me dire tantôt, et que tu n'as pas eu le temps de m'achever ; est-ce quelque chose de conséquence ?

LUBIN. – Jarni, si c'est de conséquence ! il s'agit tant* seulement que cet amoureux veut détourner voute fille.

MADAME ARGANTE. – Qu'appelles-tu la détourner ?

LUBIN. – La loger ailleurs, la changer de chambre : velà cen* que c'est.

MADAME ARGANTE. – Qu'a-t-elle répondu ?

LUBIN. – Il n'y a encore rien de décidé, car voute fille a dit : Comment, ventregué ! un enlèvement, Monsieur, avec une mère qui m'aime tant ! Bon ! belle amiquié ! a dit Lisette ; voute fille a reparti que c'était une honte, qu'alle vous parlerait, vous émouverait, vous embrasserait les jambes, et pis chacun a tiré de son côté et moi du mian.

MADAME ARGANTE. – Je saurai y mettre ordre. Dorante va-t-il se rendre ici ?

LUBIN. – Tatigué, s'il viendra ! Je li ons donné l'ordre de la part de noute damoiselle, il ne peut pas manquer d'être obéissant, et la chaise de poste est au bout de l'allée.

MADAME ARGANTE. – La chaise ?

LUBIN. – Eh voirement* oui ! avec une dame entre deux âges, qu'il a mêmement descendue dans l'hôtellerie du village.

MADAME ARGANTE. – Et pourquoi l'a-t-il amenée ?

LUBIN. – Pour à celle fin qu'alle fasse compagnie à noute damoiselle, si alle veut faire un tour dans la chaise, et pis de là, aller souper en ville à ce qui m'est avis selon queuques paroles que j'avons attrapées et qu'ils disiont tout bas.

MADAME ARGANTE. – Voilà de furieux* desseins ; adieu, je m'éloigne ; et surtout ne dis point à Lisette que je suis ici.

LUBIN. – Je vas donc courir après elle, mais faut que chacun soit content, je sis leur commissionnaire itou à ces enfants, quand vous arriverez, leur dirai-je que vous venez ?

MADAME ARGANTE. – Tu ne leur diras pas que c'est moi, à cause de Dorante qui ne m'attendrait pas, mais seulement que c'est quelqu'un qui approche. *(À part.)* Je ne veux pas le mettre entièrement au fait.

LUBIN. – Je vous entends, rien que queuqu'un, sans nommer parsonne, je ferai voute affaire, noute maîtresse : enfilez le taillis stanpendant que je reste pour la manigance.

Scène II

LUBIN, ERGASTE

LUBIN. – Morgué ! je gaigne bien ma vie avec l'amour de cette jeunesse. Bon ! à l'autre, qu'est-ce qu'il viant rôder ici, stila ?

ERGASTE, *rêveur.* – Interrogeons ce paysan, il est de la maison.

LUBIN, *chantant en se promenant.* – La, la, la.

ERGASTE. – Bonjour, l'ami.

LUBIN. – Serviteur, la, la.

ERGASTE. – Y a-t-il longtemps que vous êtes ici ?

LUBIN. – Il n'y a que l'horloge qui en sait le compte, moi je n'y regarde pas.

ERGASTE. – Il est brusque.

LUBIN. – Les gens de Paris passont-ils leur chemin queuquefois ? Restez-vous là, Monsieur ?

ERGASTE. – Peut-être.

LUBIN. – Oh ! que nanni ! la civilité ne vous le parmet pas.

ERGASTE. – Et d'où vient ?

LUBIN. – C'est que vous me portez de l'incommodité, j'ons besoin de ce chemin-ci pour une confarence en cachette.

ERGASTE. – Je te laisserai libre, je n'aime à gêner personne ; mais dis-moi, connais-tu un nommé Monsieur Dorante ?

LUBIN. – Dorante, oui-da.

ERGASTE. – Il vient quelquefois ici, je pense, et connaît Mademoiselle Angélique ?

LUBIN. – Pourquoi non ? Je la connais bian, moi.

ERGASTE. – N'est-ce pas lui que tu attends ?

LUBIN. – C'est à moi à savoir ça tout seul, si je vous disais oui, nous le saurions tous deux.

ERGASTE. – C'est que j'ai vu de loin un homme qui lui ressemblait.

LUBIN. – Eh bien ! cette ressemblance, ne faut pas que vous l'aparceviez de près, si vous êtes honnête*.

ERGASTE. – Sans doute, mais j'ai compris d'abord qu'il était amoureux d'Angélique, et je ne me suis approché de toi que pour en être mieux instruit.

LUBIN. – Mieux ! Eh ! par la sambille*, allez donc oublier ce que vous savez déjà. Comment instruire un homme qui est aussi savant que moi ?

ERGASTE. – Je ne te demande plus rien.

LUBIN. – Voyez qu'il a de peine ! Gageons que vous savez itou qu'alle est amoureuse de li ?

ERGASTE. – Non, mais je l'apprends.

LUBIN. – Oui, parce que vous le saviez ; mais transportez-vous plus loin, faites-li place, et gardez le secret, Monsieur, ça est de conséquence.

ERGASTE. – Volontiers, je te laisse.

Il sort.

LUBIN, *le voyant partir.* – Queu sorcier d'homme ! Dame, s'il n'ignore de rin, ce n'est pas ma faute.

Scène III

DORANTE, LUBIN

LUBIN. – Bon, vous êtes homme de parole, mais dites-moi, avez-vous souvenance de connaître un certain Monsieur Ergaste, qui a l'air d'être gelé, et qu'on dirait qu'il ne va ni ne grouille, quand il marche ?

DORANTE. – Un homme sérieux ?

LUBIN. – Oh ! si sérieux que j'en sis tout triste.

DORANTE. – Vraiment oui, je le connais, s'il s'appelle Ergaste ; est-ce qu'il est ici ?

LUBIN. – Il y était tout présentement ; mais je li avons finement persuadé d'aller être ailleurs.

DORANTE. – Explique-toi, Lubin, que fait-il ici ?

LUBIN. – Oh ! jarniguienne, ne m'amusez pas, je n'ons pas le temps de vous acouter dire, je sis pressé d'aller avartir Angélique, ne démarrez pas.

DORANTE. – Mais, dis-moi auparavant…

LUBIN, *en colère.* – Tantôt je ferai le récit de ça, pargué, allez, j'ons bian le temps de lantarner de la manière.

Il sort.

Scène IV

DORANTE, ERGASTE

DORANTE, *un moment seul.* – Ergaste, dit-il ; connaît-il Angélique dans ce pays-ci ?

ERGASTE, *rêvant.* – C'est Dorante lui-même.

DORANTE. – Le voici. Me trompé-je, est-ce vous, Monsieur ?

ERGASTE. – Oui, mon neveu.

DORANTE. – Par quelle aventure vous trouvé-je dans ce pays-ci ?

ERGASTE. – J'y ai quelques amis que j'y suis venu voir ; mais qu'y venez-vous faire vous-même ? Vous m'avez tout l'air d'y être en bonne fortune ; je viens de vous y voir parler à un domestique qui vous apporte quelque réponse, ou qui vous y ménage quelque entrevue.

DORANTE. – Je ferais scrupule de vous rien déguiser, il y est question d'amour, Monsieur, j'en conviens.

ERGASTE. – Je m'en doutais, on parle ici d'une très aimable fille, qui s'appelle Angélique ; est-ce à elle à qui s'adressent vos vœux ?

DORANTE. – C'est à elle-même.

ERGASTE. – Vous avez donc accès chez la mère ?

DORANTE. – Point du tout, je ne la connais pas, et c'est par hasard que j'ai vu sa fille.

ERGASTE. – Cet engagement-là ne vous réussira pas, Dorante, vous y perdez votre temps, car Angélique est extrêmement riche, on ne la donnera pas à un homme sans bien.

DORANTE. – Aussi la quitterais-je, s'il n'y avait que son bien qui m'arrêtât, mais je l'aime et j'ai le bonheur d'en être aimé.

ERGASTE.. – Vous l'a-t-elle dit positivement ?

DORANTE. – Oui, je suis sûr de son cœur.

ERGASTE. – C'est beaucoup, mais il vous reste encore un autre inconvénient : c'est qu'on dit que sa mère a pour elle actuellement un riche parti en vue.

DORANTE. – Je ne le sais que trop, Angélique m'en a instruit.

ERGASTE. – Et dans quelle disposition est-elle là-dessus ?

DORANTE. – Elle est au désespoir ; et dit-on quel homme est ce rival ?

ERGASTE. – Je le connais, c'est un honnête homme.

DORANTE. – Il faut du moins qu'il soit bien peu délicat s'il épouse une fille qui ne pourra le souffrir ; et puisque vous le connaissez, Monsieur, ce serait en vérité lui rendre service, aussi bien qu'à moi, que de lui apprendre combien on le hait d'avance.

ERGASTE. – Mais on prétend qu'il s'en doute un peu.

DORANTE. – Il s'en doute et ne se retire pas ! Ce n'est pas là un homme estimable.

ERGASTE. – Vous ne savez pas encore le parti qu'il prendra.

DORANTE. – Si Angélique veut m'en croire, je ne le craindrai plus ; mais quoi qu'il arrive, il ne peut l'épouser qu'en m'ôtant la vie.

ERGASTE. – Du caractère dont je le connais, je ne crois pas qu'il voulût vous ôter la vôtre, ni que vous fussiez d'humeur à attaquer la sienne ; et si vous lui disiez poliment vos raisons, je suis persuadé qu'il y aurait égard ; voulez-vous le voir ?

DORANTE. – C'est risquer beaucoup, peut-être avez-vous meilleure opinion de lui qu'il ne le mérite. S'il allait me trahir ? Et d'ailleurs où le trouver ?

ERGASTE. – Oh ! rien de plus aisé, car le voilà tout porté pour vous entendre.

DORANTE. – Quoi ! c'est vous, Monsieur ?

ERGASTE. – Vous l'avez dit, mon neveu.

DORANTE. – Je suis confus de ce qui m'est échappé, et vous avez raison, votre vie est bien en sûreté.

ERGASTE. – La vôtre ne court pas plus de hasard, comme vous voyez.

DORANTE. – Elle est plus à vous qu'à moi, je vous dois tout, et je ne dispute plus Angélique.

ERGASTE. – L'attendez-vous ici ?

DORANTE. – Oui, Monsieur, elle doit y venir ; mais je ne la verrai que pour lui apprendre l'impossibilité où je suis de la revoir davantage.

ERGASTE. – Point du tout, allez votre chemin, ma façon d'aimer est plus tranquille que la vôtre, j'en suis plus le maître, et je me sens touché de ce que vous me dites.

DORANTE. – Quoi ! vous me laissez la liberté de poursuivre ?

ERGASTE. – Liberté tout entière, continuez, vous dis-je, faites comme si vous ne m'aviez pas vu et ne dites ici à personne qui je suis, je vous le défends bien. Voici Angélique, elle ne m'aperçoit pas encore, je vais lui dire un mot en passant, ne vous alarmez point.

Scène V

DORANTE, ERGASTE, ANGÉLIQUE, *qui s'est approchée, mais qui, apercevant Ergaste, veut se retirer.*

ERGASTE. – Ce n'est pas la peine de vous retirer, Madame ; je suis instruit, je sais que Monsieur vous aime, qu'il n'est qu'un cadet, Lubin m'a tout dit, et mon parti est pris. Adieu, Madame.

Il sort.

Scène VI

DORANTE, ANGÉLIQUE

DORANTE. – Voilà notre secret découvert, cet homme-là, pour se venger, va tout dire à votre mère.

ANGÉLIQUE. – Et malheureusement il a du crédit sur son esprit.

DORANTE. – Il y a apparence que nous nous voyons ici pour la dernière fois, Angélique.

ANGÉLIQUE. – Je n'en sais rien, pourquoi Ergaste se trouve-t-il ici ? *(À part.)* Ma mère aurait-elle quelque dessein ?

DORANTE. – Tout est désespéré, le temps nous presse. Je finis par un mot, m'aimez-vous, m'estimez-vous ?

ANGÉLIQUE. – Si je vous aime ! Vous dites que le temps presse, et vous faites des questions inutiles.

DORANTE. – Achevez de m'en convaincre ; j'ai une chaise au bout de la grande allée, la dame dont je vous ai parlé, et dont la maison est à un quart de lieue d'ici, nous attend dans le village, hâtons-nous de l'aller trouver, et vous rendre chez elle.

ANGÉLIQUE. – Dorante, ne songez plus à cela, je vous le défends.

DORANTE. – Vous voulez donc me dire un éternel adieu ?

ANGÉLIQUE. – Encore une fois je vous le défends ; mettez-vous dans l'esprit que, si vous aviez le malheur de me persuader, je serais inconsolable ; je dis le malheur, car n'en serait-ce pas un pour vous de me voir dans cet état ? Je crois qu'oui. Ainsi, qu'il n'en soit plus question ; ne nous effrayons point, nous avons une ressource.

DORANTE. – Et quelle est-elle ?

ANGÉLIQUE – Savez-vous à quoi je me suis engagée ? À vous montrer à une dame de mes parentes.

DORANTE. – De vos parentes ?

ANGÉLIQUE. – Oui, je suis sa nièce, et elle va venir ici.

DORANTE. – Et vous lui avez confié notre amour ?

ANGÉLIQUE. – Oui.

DORANTE. – Et jusqu'où l'avez-vous instruite ?

ANGÉLIQUE. – Je lui ai tout conté pour avoir son avis.

DORANTE. – Quoi ! la fuite même que je vous ai proposée ?

ANGÉLIQUE. – Quand on ouvre son cœur aux gens, leur cache-t-on quelque chose ? Tout ce que j'ai mal fait, c'est que je ne lui ai pas paru effrayée de votre proposition autant qu'il le fallait ; voilà ce qui m'inquiète.

DORANTE. – Et vous appelez cela une ressource ?

ANGÉLIQUE. – Pas trop, cela est équivoque, je ne sais plus que penser.

DORANTE. – Et vous hésitez encore de me suivre ?

ANGÉLIQUE. – Non seulement j'hésite, mais je ne le veux point.

DORANTE. – Non, je n'écoute plus rien, venez, Angélique, au nom de notre amour, venez, ne nous quittons plus, sauvez-moi ce que j'aime, conservez-vous un homme qui vous adore.

ANGÉLIQUE. – De grâce, laissez-moi, Dorante, épargnez-moi cette démarche, c'est abuser de ma tendresse : en vérité, respectez ce que je vous dis.

DORANTE. – Vous nous avez trahis, il ne nous reste qu'un moment à nous voir, et ce moment décide de tout.

ANGÉLIQUE, *combattue**. – Dorante, je ne saurais m'y résoudre.

DORANTE. – Il faut donc vous quitter pour jamais.

ANGÉLIQUE. – Quelle persécution ! Je n'ai point Lisette, et je suis sans conseil.

DORANTE. – Ah ! Vous ne m'aimez point.

ANGÉLIQUE. – Pouvez-vous le dire ?

Scène VII

DORANTE, ANGÉLIQUE, LUBIN

LUBIN, *passant au milieu d'eux sans s'arrêter.* – Prenez garde, reboutez le propos à une autre fois, voici queuqu'un.

DORANTE. – Et qui ?

LUBIN. – Queuqu'un, qui est fait comme une mère.

DORANTE, *fuyant avec Lubin.* – Votre mère ! Adieu, Angélique, je l'avais prévu, il n'y a plus d'espérance.

ANGÉLIQUE, *voulant le retenir.* – Non, je crois qu'il se trompe, c'est ma parente. Il ne m'écoute point, que ferai-je ? Je ne sais où j'en suis.

Scène VIII

MADAME ARGANTE, ANGÉLIQUE

ANGÉLIQUE, *allant à sa mère.* – Ah ! ma mère.

MADAME ARGANTE. – Qu'as-tu donc, ma fille ? d'où vient que tu es si troublée ?

ANGÉLIQUE. – Ne me quittez point, secourez-moi, je ne me reconnais plus.

MADAME ARGANTE. – Te secourir, et contre qui, ma chère fille ?

ANGÉLIQUE. – Hélas ! contre moi, contre Dorante et contre vous, qui nous séparerez peut-être. Lubin est venu dire que c'était vous ; Dorante s'est sauvé, il se meurt, et je vous conjure qu'on le rappelle, puisque vous voulez lui parler.

MADAME ARGANTE. – Sa franchise me pénètre. Oui, je te l'ai promis, et j'y consens, qu'on le rappelle, je veux devant toi le forcer lui-même à convenir de l'indignité qu'il te proposait. *(Elle appelle Lubin.)* Lubin, cherche Dorante, et dis-lui que je l'attends ici avec ma nièce.

LUBIN. – Voûte nièce ! Est-ce que vous êtes itou la tante de voute fille ?

Il sort.

MADAME ARGANTE. – Va, ne t'embarrasse point. Mais j'aperçois Lisette, c'est un inconvénient ; renvoie-la comme tu pourras, avant que Dorante arrive, elle ne me reconnaîtra pas sous cet habit, et je me cache avec ma coiffe.

Scène IX

MADAME ARGANTE, ANGÉLIQUE, LISETTE

LISETTE, *à Angélique.* – Apparemment que Dorante attend plus loin. *(À Madame Argante.)* Que je ne vous sois point suspecte, Madame, je suis du secret, et vous allez tirer ma maîtresse d'une dépendance bien dure et bien gênante, sa mère aurait infailliblement forcé son inclination. *(À Angélique.)* Pour vous, Madame, ne vous faites pas un monstre de votre fuite. Que peut-on vous reprocher, dès que vous fuyez avec Madame ?

MADAME ARGANTE, *se découvrant.* – Retirez-vous.

LISETTE, *fuyant.* – Oh !

MADAME ARGANTE. – C'était le plus court pour nous en défaire.

ANGÉLIQUE. – Voici Dorante, je frissonne : ah ! ma mère, songez que je me suis ôté tous les moyens de vous déplaire, et que cette pensée vous attendrisse un peu pour nous.

Scène X

DORANTE, MADAME ARGANTE, ANGÉLIQUE, LUBIN

ANGÉLIQUE. – Approchez, Dorante, Madame n'a que de bonnes intentions, je vous ai dit que j'étais sa nièce.

DORANTE, *saluant.* – Je vous croyais avec Madame votre mère.

MADAME ARGANTE. – C'est Lubin qui s'est mal expliqué d'abord.

DORANTE. – Mais ne viendra-t-elle pas ?

MADAME ARGANTE. – Lubin y prendra garde ; retire-toi, et nous avertis si Madame Argante arrive.

LUBIN, *riant par intervalles.* – Madame Argante ? allez, allez, n'appréhendez rin pu, je la défie de vous surprendre, alle pourra arriver si le guiable s'en mêle.

Il sort en riant.

Scène XI

MADAME ARGANTE, ANGÉLIQUE, DORANTE

MADAME ARGANTE. – Eh bien ! Monsieur, ma nièce m'a tout conté, rassurez-vous : il me paraît que vous êtes inquiet.

DORANTE. – J'avoue, Madame, que votre présence m'a d'abord un peu troublé.

ANGÉLIQUE, *à part.* – Comment le trouvez-vous, ma mère ?

MADAME ARGANTE, *à part le premier mot.* – Doucement. Je ne viens ici que pour écouter vos raisons sur l'enlèvement dont vous parlez à ma nièce.

DORANTE. – Un enlèvement est effrayant, Madame, mais le désespoir de perdre ce qu'on aime rend bien des choses pardonnables.

ANGÉLIQUE. – Il n'a pas trop insisté, je suis obligée de le dire.

DORANTE. – Il est certain qu'on ne consentira pas à nous unir : ma naissance est égale à celle d'Angélique, mais la différence de nos fortunes ne me laisse rien à espérer de sa mère.

MADAME ARGANTE. – Prenez garde, Monsieur, votre désespoir de la perdre pourrait être suspect d'intérêt ; et quand vous dites que non, faut-il vous en croire sur votre parole ?

DORANTE. – Ah ! Madame, qu'on retienne tout son bien, qu'on me mette hors d'état de l'avoir jamais, le ciel me punisse si j'y songe !

ANGÉLIQUE. – Il m'a toujours parlé de même.

MADAME ARGANTE. – Ne nous interrompez point, ma nièce. *(À Dorante.)* L'amour seul vous fait agir, soit ; mais vous êtes, m'a-t-on dit, un honnête homme, et un honnête homme aime autrement qu'un autre ; le plus violent amour ne lui conseille jamais rien qui puisse tourner à la honte de sa maîtresse, vous voyez. Reconnaissez-vous ce que je dis là, vous qui voulez engager Angélique à une démarche aussi déshonorante ?

ANGÉLIQUE, *à part.* – Ceci commence mal.

MADAME ARGANTE. – Pouvez-vous être content de votre cœur ? Et supposons qu'elle vous aime, le méritez-vous ? Je ne viens point ici pour me fâcher, et vous avez la liberté de me répondre, mais n'est-elle pas bien à plaindre d'aimer un homme aussi peu jaloux de sa gloire*, aussi peu touché des intérêts de sa vertu, qui ne se sert de sa tendresse que pour égarer sa raison, que pour lui fermer les yeux sur tout ce qu'elle se doit à elle-même, que pour l'étourdir sur l'affront irréparable qu'elle va se faire ? Appelez-vous cela de l'amour, et la puniriez-vous plus cruellement du sien, si vous étiez son ennemi mortel ?

DORANTE. – Madame, permettez-moi de vous le dire, je ne vois rien dans mon cœur qui ressemble à ce que je viens d'entendre. Un amour infini, un respect qui m'est peut-être encore plus cher et plus précieux que cet amour même, voilà tout ce que je sens pour Angélique ; je suis d'ailleurs incapable de manquer d'honneur, mais il y a des réflexions austères qu'on n'est point en état de faire quand on aime, un enlèvement n'est pas un crime, c'est une irrégularité que le mariage efface ; nous nous serions donné notre foi mutuelle, et Angélique, en me suivant, n'aurait fui qu'avec son époux.

ANGÉLIQUE, *à part.* – Elle ne se payera pas de ces raisons-là.

MADAME ARGANTE. – Son époux, Monsieur, suffit-il d'en prendre le nom pour l'être ? Et de quel poids, s'il vous plaît, serait cette foi mutuelle dont vous parlez ? Vous vous croiriez donc mariés, parce que, dans l'étourderie d'un transport amoureux, il vous aurait plu de vous dire : Nous le sommes ? Les passions seraient bien à leur aise, si leur emportement rendait tout légitime.

ANGÉLIQUE. – Juste ciel !

MADAME ARGANTE. – Songez-vous que de pareils engagements déshonorent une fille ! que sa réputation en demeure ternie, qu'elle en perd l'estime publique, que son époux peut réfléchir un jour qu'elle a manqué de vertu, que la faiblesse honteuse où elle est tombée doit la flétrir à ses yeux mêmes, et la lui rendre méprisable ?

ANGÉLIQUE, *vivement.* – Ah ! Dorante, que vous étiez coupable ! Madame, je me livre à vous, à vos conseils, conduisez-moi, ordonnez, que faut-il que je devienne, vous êtes la maîtresse, je fais moins cas de la vie que des lumières que vous venez de me donner ; et vous, Dorante, tout ce que je puis à présent pour vous, c'est de vous pardonner une proposition qui doit vous paraître affreuse.

DORANTE. – N'en doutez pas, chère Angélique ; oui, je me rends, je la désavoue ; ce n'est pas la crainte de voir diminuer mon estime pour vous qui me frappe, je suis sûr que cela n'est pas possible, c'est l'horreur de penser que les autres ne vous estimeraient plus, qui m'effraye ; oui, je le comprends, le danger est sûr, Madame vient de m'éclairer à mon tour : je vous perdrais, et qu'est-ce que c'est que mon amour et ses intérêts, auprès d'un malheur aussi terrible ?

MADAME ARGANTE. – Et d'un malheur qui aurait entraîné la mort d'Angélique, parce que sa mère n'aurait pu le supporter.

ANGÉLIQUE. – Hélas ! jugez combien je dois l'aimer, cette mère, rien ne nous a gênés dans nos entrevues ; eh bien ! Dorante, apprenez qu'elle les savait toutes, que je l'ai instruite de votre amour, du mien, de vos desseins, de mes irrésolutions.

DORANTE. – Qu'entends-je ?

ANGÉLIQUE. – Oui, je l'avais instruite, ses bontés, ses tendresses m'y avaient obligée, elle a été ma confidente, mon amie, elle n'a jamais gardé que le droit de me conseiller, elle ne s'est reposée de ma conduite que sur ma tendresse pour elle, et m'a laissée la maîtresse de tout, il n'a tenu qu'à moi de vous suivre, d'être une ingrate envers elle, de l'affliger impunément, parce qu'elle avait promis que je serais libre.

DORANTE. – Quel respectable portrait me faites-vous d'elle ! Tout amant que je suis, vous me mettez dans ses intérêts même, je me range de son parti, et me regarderais comme le plus indigne des hommes si j'avais pu détruire une aussi belle, aussi vertueuse union que la vôtre.

ANGÉLIQUE, *à part.* – Ah ! ma mère, lui dirai-je qui vous êtes ?

DORANTE. – Oui, belle Angélique, vous avez raison, abandonnez-vous toujours à ces mêmes bontés qui m'étonnent, et que j'admire, continuez de les mériter, je vous y exhorte, que mon amour y perde ou non, vous le devez, je serais au désespoir, si je l'avais emporté sur elle.

MADAME ARGANTE, *après avoir rêvé quelque temps.* – Ma fille, je vous permets d'aimer Dorante.

DORANTE. – Vous, Madame, la mère d'Angélique !

ANGÉLIQUE. – C'est elle-même ; en connaissez-vous qui lui ressemble ?

DORANTE. – Je suis si pénétré de respect…

MADAME ARGANTE. – Arrêtez, voici Monsieur Ergaste.

Scène XII

ERGASTE, *acteurs susdits.*

ERGASTE. – Madame, quelques affaires pressantes me rappellent à Paris. Mon mariage avec Angélique était comme arrêté, mais j'ai fait quelques réflexions, je craindrais qu'elle ne m'épousât par pure obéissance, et je vous remets votre parole. Ce n'est pas tout, j'ai un époux à vous proposer pour Angélique, un jeune homme riche et estimé : elle peut avoir le cœur prévenu, mais n'importe.

ANGÉLIQUE. – Je vous suis obligée, Monsieur, ma mère n'est pas pressée de me marier.

MADAME ARGANTE. – Mon parti est pris, Monsieur, j'accorde ma fille à Dorante que vous voyez. Il n'est pas riche, mais il vient de me montrer un caractère qui me charme, et qui fera le bonheur d'Angélique ; Dorante, je ne veux que le temps de savoir qui vous êtes.

Dorante veut se jeter aux genoux de Madame Argante qui le relève.

ERGASTE. – Je vais vous le dire, Madame, c'est mon neveu, le jeune homme dont je vous parle, et à qui j'assure tout mon bien !

MADAME ARGANTE. – Votre neveu ?

ANGÉLIQUE, *à Dorante, à part.* – Ah ! que nous avons d'excuses à lui faire !

DORANTE. – Eh ! Monsieur, comment payer vos bienfaits ?

ERGASTE. – Point de remerciements : ne vous avais-je pas promis qu'Angélique n'épouserait pas un homme sans bien ? Je n'ai plus qu'une chose à dire : j'intercède pour Lisette, et je demande sa grâce.

MADAME ARGANTE. – Je lui pardonne ; que nos jeunes gens la récompensent, mais qu'ils s'en défassent.

LUBIN. – Et moi, pour bian faire, faut qu'an me récompense, et qu'an me garde.

MADAME ARGANTE. – Je t'accorde les deux.

CHRONOLOGIE

1682 : Mariage de Nicolas Carlet, écrivain de la marine, et de Marie-Anne Bullet, sœur de Pierre Bullet, « architecte des bâtiments du roi ».

1688 : Naissance à Paris, le 4 février, de Pierre Carlet. De 1688 à 1697 son père est à l'armée, en Allemagne, comme « trésorier des vivres ». En 1698, il achète l'office de « contrôleur contre-garde » de la Monnaie de Riom, dont il devient directeur en 1704.

1710 : Marivaux s'inscrit à l'École de droit de Paris.

1712 : Il s'installe définitivement à Paris, et renonce au droit. Publication, à Paris et à Limoges, de sa première pièce, *Le Père prudent et équitable.* En avril, il soumet aux censeurs son premier roman, *Les Effets surprenants de la sympathie*, et en décembre, *Pharsamon ou les Nouvelles Folies romanesques.*

1713-1714 : Publication des *Effets surprenants*, de *La Voiture embourbée*, « roman impromptu », et du *Bilboquet*, apologue allégorique. Composition du *Télémaque travesti*, qui ne paraîtra qu'en 1736.

1716 : Publication de l'*Homère travesti ou l'Iliade en vers burlesques*, parodie de l'*Iliade* de La Motte. L'épître dédicatoire est signée Carlet de Marivaux.

1717 : Mariage avec Colombe Bologne, orpheline de bonne famille, née à Sens en 1683. D'août 1717 à août 1718, *Le Nouveau Mercure* fait paraître ses *Lettres sur les habitants de Paris.*

1719 : Naissance de sa fille, Colombe Prospère, et mort de son père, dont il sollicite la charge. Sa requête n'est pas agréée. De novembre 1719 à avril 1720, *Le Nouveau Mercure* publie ses *Lettres contenant une aventure.*

1720 : Le 3 mars, au Théâtre-Italien (T-I), *L'Amour et la Vérité*, comédie en trois actes (une représentation), et, le 17 octobre, *Arlequin poli par l'amour*, comédie en un acte, qui a du succès. Sa tragédie *La Mort d'Hannibal* échoue au Théâtre-Français (T-F) le 16 décembre (trois représentations). La faillite de Law anéantit la dot de sa femme.

1721 : Licencié en droit. De juillet 1721 à octobre 1724, il fait paraître *Le Spectateur français*, à l'imitation du *Spectator* de Steele et Addison : vingt-cinq feuilles au total.

1722 : Le 3 mai, *La Surprise de l'amour*, comédie en trois actes (T-I).

1723 : Le 6 avril, *La Double Inconstance*, comédie en trois actes (T-I), assoit sa réputation et celle de sa comédienne favorite, Silvia. Mort probable (ou en 1724) de sa femme.

1724 : *Le Prince travesti*, le 5 février (après un début difficile), et *La Fausse Suivante*, le 8 juillet, remportent un grand succès au T-I. *Le Dénouement imprévu*, comédie en un acte (T-F), ne réussit guère.

1725 : Succès éclatant de *L'Île des esclaves*, comédie en un acte (T-I), créée le 5 mars, jouée à la Cour le 13, publiée en avril. *L'Héritier de village*, en un acte (T-I), le 19 août, réussit moins.

1726 : Début de la rédaction de son roman *La Vie de Marianne*, dont il demande l'approbation en 1727. Représentation à la Cour de *La Surprise de l'amour*, de *La Double Inconstance*, de *L'Île des esclaves*.

1727 : De mars à juillet, Marivaux publie les sept feuilles d'un nouveau journal, *L'Indigent philosophe*. Le 11 septembre, *Les Petits Hommes ou l'Île de la raison*, comédie en trois actes, échoue devant le public du Français, qui boude aussi d'abord *La Seconde Surprise de l'amour* (T-F, 31 décembre).

1728 : *Le Triomphe de Plutus* (T-I, 22 avril), allégorie satirique en un acte, réussit assez bien. Approbation du premier livre de *La Vie de Marianne*.

1729 : *La Nouvelle Colonie ou la Ligue des femmes*, comédie en trois actes (T-I), tombe le 18 juin et n'est plus connue que par un résumé du *Mercure* et par la version en un acte publiée en 1750.

1730 : La comédie en trois actes (T-I) *Le Jeu de l'amour et du hasard* est créée le 23 janvier, et jouée à la Cour le 28.

1731 : Publication du premier livre de *La Vie de Marianne*. Le Français représente le 5 novembre *La Réunion des amours*, allégorie en un acte.

1732 : Le 12 mars, *Le Triomphe de l'amour*, comédie en trois actes (T-I), déconcerte le public parisien, mais charme la Cour le 15. *Les Serments indiscrets*, la seule comédie de Marivaux en cinq actes, est sifflée le 8 juin au Théâtre-Français, mais *L'École des mères* (un acte, T-I) réussit fort bien malgré la morte saison (25 juillet).

1733 : Voltaire attaque Marivaux (son seul concurrent au théâtre) dans *Le Temple du goût*. *L'Heureux Stratagème* (trois actes, T-I) confirme le succès de Marivaux.

1734 : Publication de la seconde partie de *La Vie de Marianne*, des onze feuilles du *Cabinet du philosophe* (janvier-avril) et des quatre premières parties du *Paysan parvenu*. *La Méprise* (un acte, T-I, le 16 août) et *Le Petit-Maître corrigé* (trois actes, T-F, le 6 novembre) échouent pareillement.

1735 : Cinquième et dernière partie du *Paysan parvenu*, troisième partie de *La Vie de Marianne*. Grand succès de *La Mère confidente* (trois actes, T-I, le 9 mai).

1736 : Marivaux rejette la paternité du *Télémaque travesti*, publié par un libraire hollandais. Publication des quatrième, cinquième et sixième livres de *La Vie de Marianne*. *Le Legs*, comédie en un acte (T-F, le 11 juin), reçoit un accueil médiocre.

1737 : Publication de *Pharsamon* et des septième et huitième parties de *La Vie de Marianne*. La comédie en trois actes *Les Fausses Confidences* (intitulée jusqu'en 1738 *La Fausse Confidence*) est peu appréciée par le public des Italiens, avant de s'imposer l'année suivante.

1738 : Le 7 juillet, *La Joie imprévue*, comédie en un acte, accompagne une reprise, couronnée de succès, des *Fausses Confidences* (T-I).

1739 : *Les Sincères*, comédie en un acte (T-I), ne confirment pas le succès de la première représentation (13 janvier). Mort de Thomassin, l'Arlequin des pièces de Marivaux.

1740 : Le 19 novembre, grande réussite de *L'Épreuve* (un acte, T-I).

1741 : *La Commère*, tirée du *Paysan parvenu*, destinée aux Italiens (un acte).

1742 : Marivaux est élu (contre Voltaire) à l'Académie française, dont il deviendra un membre assidu. Il retouche *Narcisse*, comédie de Jean-Jacques Rousseau. Mise en vente des livres IX, X et XI de *La Vie de Marianne.*

1744 : Lecture à l'Académie de ses *Réflexions sur le progrès humain.* De 1744 à 1755, il fera sept autres lectures publiques d'ordre philosophique et moral. *La Dispute*, comédie en un acte (T-F), est retirée dès la première représentation (19 octobre).

1745 : Colombe Prospère de Marivaux, dotée par le duc d'Orléans, entre au couvent. Elle y mourra en 1788.

1746 : *Le Préjugé vaincu*, comédie en un acte, atteint sept représentations au Français (6 août).

1747 : Publication en Allemagne, à Hanovre, d'une traduction de pièces de Marivaux.

1748 : À la mort de Mme de Tencin, qui l'affecte, Marivaux fréquente le salon de Mme Geoffrin.

1754 : *Le Mercure* publie *L'Éducation d'un prince*, dialogue politique.

1755 : Le 20 janvier, à la Cour de Gotha, le duc de Weimar tient le rôle d'Iphicrate dans *L'Île des esclaves.* Le 24 août, on crée *La Femme fidèle*, comédie en un acte, sur un théâtre privé.

1757 : *Le Mercure* de mars publie *Félicie*, que Marivaux n'avait pas l'espoir de voir représenter par les Comédiens-Français. *Le Conservateur* de novembre fait paraître *Les Acteurs de bonne foi* et annonce *La Provinciale* (publiée par *Le Mercure* en 1761).

1758 : Le 20 janvier, Marivaux, malade, rédige son testament.

1763 : Il meurt le 12 février rue de Richelieu. La vente de ses biens produit 3 501 livres 8 sols 6 deniers.

BIBLIOGRAPHIE

Éditions du théâtre de Marivaux

Théâtre complet, éd. H. Coulet et M. Gilot, Gallimard, « Bibliothèque de la Pléiade », 1993-1994, 2 vol.
Théâtre complet, éd. F. Deloffre et F. Rubellin, Garnier, 1999, 2 vol.

Sur le théâtre au XVIIIe siècle

LAGRAVE H., *Le Théâtre et le public à Paris de 1715 à 1750*, Klincksieck, 1972.
LARTHOMAS P., *Le Théâtre en France au XVIIIe siècle*, PUF, « Que sais-je ? », 1980.
ROUGEMONT M. DE, *La Vie théâtrale en France au XVIIIe siècle*, Honoré Champion, 1988.

Ouvrages généraux sur Marivaux

BENHARRECH S., *Marivaux et la science du caractère*, Oxford, Voltaire Foundation, 2013.
COULET H., *Marivaux romancier*, Armand Colin, 1975.
DELOFFRE F., *Une préciosité nouvelle : Marivaux et le marivaudage*, Armand Colin, 1955, rééd. 1967.
GALLOUËT C. (dir.), *Marivaudage : théorie et pratique d'un discours*, Oxford, Voltaire Foundation, 2014.
GILOT M., *L'Esthétique de Marivaux*, SEDES, 1998.
Marivaux, revue *Europe*, 1996.

Sur Marivaux dramaturge

Deguy M., *La Machine matrimoniale ou Marivaux*, Gallimard, 1982, rééd. 1986.

Dort B., *À la recherche de l'amour et de la vérité : esquisse d'un système marivaudien*, 1962, repris dans *Théâtre public*, Seuil, 1967.

Études sur L'École des mères, La Mère confidente, *Revue Marivaux*, n° 3, 1992.

Frantz P. (dir.), *Marivaux : jeu et surprises de l'amour*, Presses universitaires de Paris-Sorbonne, 2009.

Goldzink J., *Comique et comédie au siècle des Lumières*, L'Harmattan, 2000 (voir la partie III, « L'Archipel Marivaux », p. 169-369).

Goubier-Robert G. (dir.), *Marivaux et les Lumières : l'homme de théâtre et son temps*, Publications universitaires de Provence, 1996.

Lacant J., *Marivaux en Allemagne. Reflets de son théâtre dans le miroir allemand*, Klincksieck, 1975.

Salaün F. (dir.), *Marivaux subversif ?*, Desjonquères, 2003.

Filmographie

La Fausse Suivante, film de B. Jacquot, avec I. Huppert, S. Kiberlain, P. Arditi, Éditions Montparnasse, 2000.

GLOSSAIRE

Accommoder (s') : S'accorder (*F.S.*, I,5, II,2 et III,5) ; S'en arranger (*E.M.*, 2).

Aimable : Digne d'être aimé.

Ajuster (s') : Se mettre d'accord.

Amant : Amoureux, agréé ou pas.

Amour (faire l') : Courtiser (*M.C.*, I,7).

Amuser : Distraire, occuper.

Anciens : Partisans des Anciens (les auteurs de l'Antiquité), par opposition aux Modernes. La querelle des Anciens et des Modernes durait depuis la fin du XVIIe siècle. Marivaux était un Moderne déclaré.

Assignation : Exploit d'huissier par lequel une personne est appelée à comparaître en justice, ou à payer une dette.

Billet : Reconnaissance de dette.

Blouser (se) : Se tromper.

Bouton (prendre par le) : Presser quelqu'un avec vigueur.

Branle : Nom générique de toutes les danses où un ou deux danseurs conduisent tous les autres, qui répètent ce qu'ont fait les premiers.

Cadet de maison : Cadet de bonne famille.

Ce : Archaïsme de la langue paysanne.

Cen : Forme tonique du *ce* patoisant.

Charge (faire sa) : Remplir sa mission.

Chiffre : Langage chiffré.

Combattue : Partagée entre deux désirs.

Condition : Désigne une personne de la noblesse, ou quelqu'un qui entre en domesticité (double sens équivoque dans *E.M.*, 3).

Coup (tout coup vaille) : À tout hasard.

Courant : Qui n'est pas échu, qui est en cours.

Curieux : Qui a cure de.

Défaite : Débit d'une marchandise, facilité de placement.

Désert : Maison retirée, solitaire.

Drès que : *Dès que*, dans la langue paysanne ; puisque.

Écu : Pièce de monnaie valant trois francs.

Embarrassée (être) : Avoir une affaire.

Encharger : Donner charge.

Enfance : Puérilité.

Équipage : Manière dont une personne est vêtue (fam.).

Espiègleries : Friponneries.

Esprit : Intelligence, finesse.

Établissement : Spécialement, mariage d'une jeune fille.

Fâcheux : Importun.

Fantasque : Sujet à des fantaisies.

Fidélité : Service zélé d'un domestique.

Furieux : Excessif (*M.C.*, I,8).

Gagnez pays : Sauvez-vous (*M.C.*, I,6).

Gaillard : Hardi (*F.S.* I,5) ; Enjoué (*F.S.*, III,1).

Galamment : Avec civilité, avec esprit.

Galant : Qui a l'air de la Cour (*F.S.*, I,5).

Galanterie : Petits présents qu'on se fait dans la société.

Gêner : Mettre à la gêne, incommoder.

Générosité : Grandeur d'âme.

Gloire : Honneur.

Glorieux : N'a pas toujours le sens défavorable de *vain*, orgueilleux. Conserve son sens positif dans *M.C.*, II,12.

Heure (tout à l') : Sur l'heure, tout de suite.

Honnête : Civil, poli. *Honnête homme, honnêtes gens* désigne d'abord un milieu social, un mode de vie aisé (*F.S.*, I,1 et II,3).

Honnêtement : Avec civilité.

Honte (à la de) : En dépit de (*F.S.*, I,1).

Industrie : Adresse, ruse (*F.S.*, II,2 et III,5).

Industrieux : Rusé.

Intrigue : Habileté à intriguer (*F.S.*, I,1).

Légitime : Part d'héritage dont on ne pouvait priver un enfant, spécialement les cadets.

Livre : Franc (or).

Louis : Pièce d'or valant 24 livres.

Main (faire sa) : Faire ses profits.

Maîtresse : Femme qui aime et qui est aimée.

Malhonnêteté : Incivilité.

Malice : Méchanceté, fourberie, finesse.

Même (être, mettre à) : Être, mettre en état de.

Modernes : Voir *Anciens.*

Modeste : Pudique, décent.

Modestie : Pudeur.

Mons : Abréviation péjorative de *Monsieur.*

Mouvement : « Il se dit [...] des différentes impulsions, passions ou affections de l'âme » (Acad.). « Terme essentiel du vocabulaire de Marivaux, qui demeure cependant relativement rare dans son théâtre avant 1730. Chez lui, il s'agit d'impulsions immédiates, ultra-rapides, qui transparaissent parfois dans l'attitude extérieure, tout en échappant parfois à la conscience du sujet » (H. Coulet et M. Gilot, édition du *Prince travesti* et du *Triomphe de l'amour,* Honoré Champion).

Mutin : Opiniâtre, obstiné.

Objet : Personne aimée.

Palissade : Rangée d'arbres plantés pour faire un mur.

Parti (prendre) : S'enrôler, se marier.

Passer : Dépasser les capacités (*F.S.*, II,2) ; pardonner (*F.S.*, II,2).

Paye : Celui qui paye.

Pied (sur ce) : Dans ces conditions.

Pistole : Monnaie d'or qui vaut dix livres.

Positif : Certain.

Provision (aller à la) : Amasser des choses nécessaires.

Rafle (faire) : Enlever tout sans rien faire.

Rat : « Il a des *rats* dans la tête, des caprices, des fantaisies, des bizarreries. »

Revenant-bon : Profit, émolument.

Rez-de-chaussée (à) : Sans manières, sans cérémonie.

Sambille (par la) : Juron.

Sergent : Officier de justice.

Sûreté : Caution, garantie.

Tant seulement : Forme patoisante de *seulement*.

Tant y a : Il est vrai.

Toilette : « Grand morceau de linge ou de taffetas, embelli de quelque dentelle, qu'on étend sur une petite table, et sur laquelle on met diverses choses à l'usage des dames » (cité par F. Deloffre, *Théâtre de Marivaux*, Garnier), qui commente ainsi l'expression *visage à toilette* (*F.S.*, III,3) : digne d'être l'objet des soins d'une toilette.

Transport : Délire, égarement de l'esprit causé par la maladie.

Tretous : Forme d'insistance populaire de *tous*.

Visionnaire : Qui extravague.

Voirement : Forme populaire de *vraiment*.

TABLE

Mise en page par Meta-systems
59100 Roubaix

Achevé d'imprimer par Dupli-Print (95)
en mai 2017
N° d'impression : 2017052176

N° d'édition : L.01EHPN000699.C002
Dépôt légal : janvier 2015

Imprimé en France